Coaché !

Pécub.

COACH
COACH
COACH
COACH

Michel Giffard

Pécub

Coaché !

Éditions d'Organisation

Éditions Eyrolles
61, bd Saint-Germain
75240 Paris Cedex 05

Chez le même éditeur

François DÉLIVRÉ, *Le métier de coach*, 2002.

Gilles FORESTIER, *Regards croisés sur le coaching*, 2002.

Chantal HIGY-LANG, Charles GELLMAN, *Le coaching*, 2002.

Alain CARDON, *Le coaching d'équipe*, 2003.

Eric ALBERT, Jean-Luc EMERY, *Au lieu de motiver, mettez-vous donc à coacher !*, 1998.

ISBN : 978-2-7081-2891-0

« Les seules connaissances qui puissent influencer le comportement d'un individu sont celles qu'il découvre par lui-même et qu'il s'approprie. »

Carl ROGERS,
Le développement de la Personne, 1968.

À Dominique,
pour son amour, sa patience et
la pertinence de sa relecture.

MISE EN SCÈNE DU LIVRE

Chacun des chapitres met d'abord en scène un personnage à visée pédagogique : **Capitaine**.

Dans la première partie « **Coaché !** », **Capitaine est un bon manager**, centré sur les actions à mener et les objectifs à atteindre. Il ne se préoccupe pas des sensations, des sentiments, des émotions – celles des autres et les siennes –, des relations humaines et plus généralement de la psychologie. Mais il progresse par ses lectures, l'assistance à des conférences sur le coaching, la participation à des séminaires de formation au coaching, puis avec l'aide de son patron et de son coach personnel. Nous suivons sa progression au travers de ses erreurs et des questions qu'il se pose.

Dans la deuxième partie « **Coach : un vrai métier** », **Capitaine devient lui-même coach**. Son métier lui apprend beaucoup sur lui-même et sur la vie, parfois aux dépens de ses clients.

Dans la troisième partie « **Manager et coach ?** », **Capitaine, en manager averti, pratique le coaching avec ses collaborateurs** afin de les faire évoluer et d'améliorer l'efficacité de son management. Où nous voyons que rien n'est simple.

Dans chaque chapitre, **un coach** commente la situation vécue par Capitaine. Il décrit la méthode de coaching, explicite son métier ou illustre le style de management de coaching, selon les cas.

Puis **l'auteur,** coach et formateur, complète le chapitre en partageant son expérience ; il indique les exercices pratiqués en formation au coaching, donne des exemples d'entretien ou des conseils pratiques (pièges à éviter, etc.).

L'idée essentielle du chapitre est mise en humour par Pécub.

Bonne lecture !

SOMMAIRE

Le changement durable (et non superficiel) aboutit à une nouvelle représentation de la réalité, à une modification de notre vision du monde et de nos grilles de lecture.

Ce livre est une étape importante sur mon chemin initiatique professionnel et personnel. Ma formation initiale en management m'a conduit « naturellement » vers la finance et l'organisation, mais rapidement j'ai pris conscience que l'essentiel de la vie professionnelle était ailleurs. Pour moi, **l'humain est à la fois la ressource et la finalité de l'entreprise.** Les systèmes de production et d'échange ne sont que des processus au service de l'homme. Je suis conscient du décalage d'une telle vision de l'entreprise par rapport au constat actuel des forces en présence : l'économie impose sa loi à l'homme sans état d'âme. Mais jusqu'à quand ? La loi d'équilibre devrait réussir à s'appliquer. Tout mouvement du balancier implique un retour. Pour respirer, on ne peut se contenter d'un seul mouvement ! Et comme nous le rappelle opportunément la Bourse, les arbres ne montent pas jusqu'au ciel.

Le coaching se situe dans ce vaste mouvement historique et sociologique de rééquilibrage de l'humain et de l'économique dans l'entreprise. Coacher un collaborateur, c'est d'abord s'intéresser à lui avant de chercher à améliorer ce qu'il fait, c'est l'aider à évoluer dans son contexte avant de décider à sa place. **Le sujet qui agit prend alors autant d'importance que l'objet de son action**.

Le coaching aborde également la sphère privée comme méthode de communication où chacun se met d'abord à l'écoute réelle de son interlocuteur. C'est sans doute aussi un moyen de sortir de l'individualisme, de l'isolement affectif et de la centration sur soi.

Alors, tous coachés !

Michel GIFFARD

- I -
Coaché !

Coacher consiste à aider une personne à trouver elle-même ses propres réponses aux questions qu'elle se pose ou aux problématiques qu'elle rencontre.

Au lieu de se préoccuper d'abord de son image, de parler de soi et de donner des conseils, ce qui est un réflexe largement partagé, le coach **se centre sur son client**. Le terme de client n'est pas à prendre ici au sens commercial, mais au sens de **celui qui est coaché**. D'ailleurs, nous avons tous vocation à être coachés un jour ou l'autre. Nous pourrions ajouter ce souhait dans nos vœux de nouvel an.

La méthode suivie par le coach consiste donc d'abord à écouter son client, et pas seulement par l'oreille. Le non-verbal, le son de la voix, la vitesse d'expression, les lapsus verbaux et corporels sont autant d'informations que le coach écoute avec ses sens, son intuition et son cœur.

Le coach est le miroir qui permet au client de visualiser son propre système de représentation, de prendre conscience des points forts, des avantages, des impasses ou des dysfonctionnements dans sa perception de la réalité et de faire évoluer son comportement, si nécessaire.

Cette première partie présente **l'originalité du coaching pour améliorer les relations humaines** sur trois niveaux :

- **l'ambition affichée** : un changement relationnel profond, l'autonomie et l'interdépendance comme finalités ;
- **la position des acteurs** : recherche de l'égalité, influence réciproque réduite et conscientisée, objectifs communs vérifiés régulièrement ;
- **la formalisation des techniques constituant le coaching** : depuis la relation client-coach jusqu'à la méta-communication, l'essentiel de chaque technique est décrit dans le langage courant afin de faciliter son appropriation. L'ordre de présentation est intuitif, proche de celui vécu par les participants aux séminaires de formation au coaching.

LA RELATION client-coach

Capitaine vient d'assister à une conférence sur le coaching et décide d'expérimenter cette nouvelle méthode avec un collaborateur qui lui pose des problèmes. Il se rend dans son bureau et lui dit (en synthèse) : « Voilà, je propose de t'aider pour que tu deviennes plus autonome. Dans le même temps, nos relations seront meilleures. À mon avis, tu devrais t'y prendre de cette manière pour traiter ton problème, ce serait plus efficace. Tu peux compter sur moi pour suivre tes progrès ».

Capitaine est tout surpris de constater quelques jours plus tard que le comportement et les résultats de son collaborateur n'ont pas évolué. L'assistante de Capitaine lui a même demandé ce qui s'était passé entre eux car le collaborateur répandait depuis peu des propos négatifs sur lui.

La relation client-coach est la première pierre de la méthode de coaching. C'est une relation entre égaux. Elle comporte des aspects énergétiques et des aspects logiques.

Imaginons deux personnes tenant une écharpe. Nous avons trois éléments : deux extrémités tenues et l'écharpe-relation. Chacun peut intervenir sur son bout et sur la relation. La manière dont l'autre personne tient son bout est inaccessible. **Chacun est donc responsable de plus de 50 % de la relation**, au sens étymologique de responsable : capable d'apporter une réponse.

Au début de toute relation, la **synchronisation** permet de se mettre au niveau de son interlocuteur. Comme dans l'image de l'écluse ou du court-circuit électrique, l'absence de synchronisation peut entraîner des débordements émotionnels ou des étincelles d'agressivité. La synchronisation est de la responsabilité de la personne qui mène l'entretien, même s'il est préférable que les deux la recherchent.

Se synchroniser consiste à s'intéresser d'abord à la personne de son interlocuteur, à l'accueillir. La politesse est une excellente conseillère : dire bonjour, serrer la main, sourire, s'enquérir des difficultés de la circulation ou de la météo, offrir une boisson.

Le coach va plus loin. Il est conscient de ce moment magique, les cinq premières secondes ou les cinq premières minutes, où tout est dit en potentiel. Il y met toute son attention, sa présence, son cœur. Il choisit un moment propice et un lieu favorable, une table ronde pour « arrondir » les aspérités relationnelles. Il protège cet espace-temps en évitant les interruptions venant de l'extérieur. De préférence, le coach se place à la droite de son client de manière à lui ouvrir son côté gauche, celui du cœur. Il évite donc de s'asseoir en face afin de limiter les confrontations énergétiques inconscientes.

*

Le début de la relation conditionne également la réussite de l'entretien. Bien que le coach mène l'entretien, il est préférable de donner le pouvoir au client pour qu'il bénéficie au maximum de cet entretien. Deux questions préalables posées par le coach répondent à cet objectif :

1. **Quelle est ta question ? Quel est le sujet de l'entretien ? Son objectif ?**
   Contrairement à l'exemple de Capitaine, c'est le collaborateur coaché qui doit choisir l'objet de l'entretien. Le rôle du coach est de faire préciser sa question, de s'assurer qu'il s'agit bien de la « vraie » question du jour, de la vraie demande et non d'une question conventionnelle superficielle.
2. **Qu'attends-tu de moi ? En quoi puis-je t'aider dans le cadre de ta question ?**
   Il est essentiel que le coach fasse préciser par le collaborateur le rôle qu'il lui attribue dans ce contexte : rôle de miroir, d'écoute empathique, d'aide à la recherche de solution ou de conseil et de recommandation. L'absence de cette question est souvent une source de malentendus et de frustrations, générant de l'inefficacité.

La fin de l'entretien nécessite presque autant d'attention que le début. Il s'agit de **savoir conclure**. De bien s'assurer que l'objet de l'entretien est traité, que le client est satisfait. Le coach peut avoir ses propres indicateurs de satisfaction mais ce sont ceux du client qui font foi. Par ailleurs, la pratique régulière du feed-back permet d'assainir la relation et de la renforcer dans la durée.

Dans le cas d'entretiens réguliers entre le coach et le client, celui-ci doit avoir **une vue claire du point d'avancement et des actions à mener jusqu'au prochain entretien.** À la fin d'un entretien unique ou isolé, le client doit partager son état émotionnel avec le coach et indiquer ses pistes de recherche ultérieures afin de sécuriser et fiabiliser la relation.

Les questions suivantes peuvent être utilisées avec profit par le coach :

- **As-tu des réponses à tes questions ? Sais-tu quoi faire à partir de maintenant ?**
  Ce sont les réponses du client qui comptent ; c'est son plan d'action, et non celui du coach. Le coach peut prendre des notes pour alimenter le prochain entretien, mais non pour suivre l'avancement des actions comme il le ferait pour des tâches déléguées. La précision des réponses du client et son ton de voix sont d'excellents indicateurs de l'efficacité de l'entretien.
- **En quoi t'ai-je aidé ? Comment aurais-je pu t'aider davantage ?**
  La finalité de cette question est double. Il s'agit de faire exprimer le feed-back du client sur la prestation du coach et ses points de progrès, véritable outil d'évaluation permanente du coach, ainsi que de faciliter la fin de l'entretien pour le client et la sortie de l'espace de transfert pour limiter le pouvoir du coach sur le client.

Le coach conclut en indiquant ce qu'il a appris lors de l'entretien sur son client, sur lui-même et sur l'art du coaching. La meilleure référence est **le rapport d'étonnement** rédigé à l'issue des visites de comparaison des meilleures pratiques (*benchmarking*).

Cette dernière expression du coach finalise l'équilibrage de la relation. Si le coach ne s'exprime pas spontanément, le client est en droit de lui poser des questions.

Pierre angulaire de la méthode de coaching, la relation client-coach se veut d'abord être une relation équilibrée entre égaux où chacun apporte ce qu'il est.

LE RESSENTI

Quand Capitaine mène une action ou quand il prend la parole devant un auditoire, chacun s'intéresse au résultat de son action ou à ce qu'il dit, éventuellement à la manière dont il agit et comment il s'exprime.

En général, personne ne s'intéresse à ce que Capitaine ressent à cet instant. Lui-même, d'ailleurs, ressent bien de l'émotion mais il la contrôle du mieux possible.

Et il peut aussi penser, s'il en est conscient : « Qui s'intéresse à ce que je ressens, à mes émotions ? Qui s'intéresse à MOI ? ».

Dans son travail avec le client, le coach s'intéresse d'abord, voire exclusivement, à la personne du client dans ce qu'elle ressent, ce qu'elle vit à un moment donné. Il s'intéresse **au sujet de l'action et non à l'objet de l'action.**

Le sujet, davantage centré sur le moment présent, sur ses sensations, peut alors lui-même traiter l'objet, en disposant d'un maximum de ressources perceptives, créatives et intuitives. Rien ne parvient à l'intellect qui ne soit déjà saisi par les sens. **Toute connaissance que n'a pas précédée une sensation est inutile**. La conscience de nos émotions affine notre appréciation d'une situation et précise notre capacité à décider et agir.

Par ailleurs, le coach doit résister à son réflexe de donner des conseils à son client, sinon il retarde le moment où celui-ci acquiert suffisamment d'autonomie pour trouver lui-même ses réponses, pour s'approprier davantage la relation à l'objet.

*

Le ressenti de chacun est donc rarement pris en compte dans l'entreprise. La conséquence en est une perte d'efficacité par la privation de cette source d'information, ainsi qu'un manque de plaisir relationnel.

Par exemple, au début d'un séminaire de coaching, la surprise des participants est garantie quand je leur demande : « que ressentez-vous ? », alors que chacun s'apprête à répondre à une autre question, par exemple : quelles sont vos attentes ?

Le même exercice proposé lors d'un atelier de présentation du coaching a déclenché l'agressivité de certains participants. En effet, ceux-ci attendaient les conclusions du rapporteur d'un groupe traitant du sujet très sérieux des facteurs-clés de succès du management. Pour eux, la question : « que ressentez-vous en ce moment ? » leur paraissait complètement déplacée.

En coaching, le sujet prime sur l'objet alors qu'en management l'objet prime encore très largement sur le sujet.

Le coaching prend d'abord en considération la personne et ses perceptions avant de s'intéresser à l'objet ou à l'action à accomplir.

LA VISUALISATION

Pour préparer son avenir, Capitaine se donne des objectifs, bien sûr ambitieux. Il envisage les actions à mener, anticipe les difficultés, planifie, rassemble les moyens nécessaires, motive ses collaborateurs. Il vit et fait vivre le temps présent au... futur. À l'instant présent, Capitaine prépare donc l'avenir en listant toutes les tâches à réaliser dans le futur. Et il est surpris de ses difficultés pour y parvenir. Capitaine ignore encore que son cerveau ne distingue pas le réel de l'imaginaire. Si son cerveau perçoit un résultat comme encore lointain, il ne mobilise pas suffisamment de ressources pour l'atteindre. Il attend le moment opportun.

En séance de coaching, le coach entraîne son client à **préparer son avenir par la visualisation**. En effet, la visualisation d'une action consiste pour le client à imaginer l'action déjà réalisée, la course déjà gagnée. Le client « visualise » quand il vit le futur au présent, identifie ce qu'il ressent sur le podium au moment de la victoire et ce qu'il a fait pour gagner.

Par exemple, un guide de haute montagne à Chamonix prépare un groupe à atteindre le sommet du Mont-Blanc. Quelques instants avant le départ, il leur pose cette question : « **Vous venez d'atteindre le sommet. Que ressentez-vous ?** ».

Chaque personne peut alors imaginer ses perceptions et son plaisir selon son propre canal sensoriel et selon son expérience. Le visuel voit le paysage fantastique. L'auditif entend la qualité du silence. Le kinesthésique goûte la qualité de l'air.

Le guide-coach ne suggère pas. Il autorise son client à ressentir par lui-même.

Puis le guide pose une seconde question : « **Comment avez-vous fait pour y arriver ?** ». Chacun peut alors lister les actions qu'il a déjà menées, et comment il a résolu les difficultés rencontrées. La moisson d'idées est abondante car les solutions sont supposées avoir déjà été trouvées.

✸

J'utilise beaucoup la visualisation en coaching d'équipe pour **construire une vision partagée**, faire exprimer les émotions des équipiers avant de mener une action (« avant de partir, j'avais peur de ne pas être à la hauteur des autres membres de l'équipe ») ou identifier des risques (« nous avons réussi en restant solidaire et en surmontant les tensions dans l'équipe »).

La recherche de sens ne peut pas se développer, individuellement et collectivement, par les outils rationnels et mécanistes. La visualisation est un outil puissant pour développer l'expression de **l'intuition, de l'affectif et du symbolique**.

En coaching individuel également, la visualisation facilite l'expression des besoins du client et précise le diagnostic formulé en positif : que veut-il faire afin de résoudre sa problématique ?

Visualiser consiste à imaginer le futur comme déjà réalisé, à identifier nos perceptions à cet instant ainsi qu'à rechercher quelles actions nous avons menées afin d'y parvenir.

L'ÉCOUTE ACTIVE

Lors de son entretien individuel, le patron de Capitaine l'a informé que ses collaborateurs se plaignaient de son manque d'écoute. En manager désireux de progresser, Capitaine s'est immédiatement mis à la tâche. Écouter ne lui paraissant pas très sorcier, il choisit la première occasion pour écouter un collaborateur venant lui soumettre un problème. Voici quelques phrases prononcées par Capitaine :

- *« Vous avez souhaité me rencontrer, je vous écoute.*
- *La façon dont vous voyez la situation n'est pas la bonne.*
- *Je ne suis pas d'accord avec vous.*
- *À mon avis, vous devriez plutôt vous y prendre de cette manière.*
- *Je vous ai bien écouté, j'espère maintenant que vous avez compris. »*

Capitaine doit donc encore améliorer son écoute ! Voici ce qu'il découvre lors d'un séminaire de formation au coaching.

Le coach est en écoute active lorsque qu'il est centré sur son client, qu'il cherche à comprendre ce qu'il lui communique sur ses pensées, sa vision des choses, ses sentiments, ses intentions et ses croyances. Le coach les reformule pour être certain d'avoir bien saisi et pour aider son client à mieux se comprendre.

L'écoute active suppose la prise en compte préalable de l'Autre. Avant d'être une affaire de technique, l'écoute active est d'abord une question d'attitude, d'humilité, de comportement, de disposition intérieure et de disponibilité pour entendre ce qui n'est pas soi.

L'écoute active, c'est savoir écouter de telle façon que la personne qui vous parle ne se décharge pas du problème sur vous. Après une écoute active, une personne devrait avoir une meilleure idée du problème et le goût de passer à l'action pour le solutionner.

L'objectif de l'écoute active est de faciliter l'appropriation du problème, de la solution et de l'action par l'interlocuteur, en reformulant et en synthétisant ce que l'on comprend.

Le coach suit d'aussi près que possible le cheminement mental de son client, l'aide à faire les liens, à travers ce qu'il dit, entre ce qu'il vit et sa problématique personnelle.

*

En formation au coaching, j'entraîne les participants à l'écoute active à partir du **« photo-langage »**. Par groupe de deux et successivement, le participant jouant le rôle du coach fait choisir une photo à son client et lui demande d'exprimer ce qu'il ressent à partir de cette photo. Le piège habituel est que le coach exprime aussi ses perceptions, propose sa propre interprétation de la perception du client ou affirme son désaccord avec la vision du client.

La solution donnée par l'écoute active consiste d'abord pour le coach à se taire afin de laisser l'espace au client pour qu'il contacte ses perceptions et ose exprimer ses associations, ses projections et son imaginaire. Après quelques minutes, le coach peut tenter quelques reformulations, questions ouvertes ou questions miroir dans le but d'aider le client à approfondir son voyage intérieur. La transposition aux entretiens de management est alors aisée, facilitant la prise de conscience des participants de leurs propres réflexes souvent différents de ceux développés par la pratique régulière de l'écoute active.

Quelques freins à l'écoute active souvent exprimés par les managers : « Je suis davantage entraîné à apporter des réponses qu'à écouter. Ma charge de travail m'amène à aller à l'essentiel. Pourquoi continuer à écouter alors que j'ai déjà l'information cherchée ? »

En écoute active, le coach se met au service de son client, avec humilité, sans donner son avis personnel, pour l'aider à clarifier sa situation et trouver l'énergie de passer à l'action afin de la solutionner.

Le miroir

Dans une revue de management, Capitaine a lu que le coach était le miroir dans lequel l'interlocuteur voyait sa propre image. Capitaine connaît bien le fonctionnement du miroir grâce à son excellente mémoire des cours d'optique. Il décide donc de coacher l'un de ses collaborateurs un peu trop introverti à son goût. Quelques éléments du verbatim de Capitaine : « Je voudrais jouer le rôle de miroir pour toi. Tu es très rigoureux mais je constate que ton image n'est pas bonne, tu es trop effacé, on ne sait jamais quelle est ton opinion. Je pense que tu devrais suivre une formation d'autant plus que j'ai beaucoup de difficultés à communiquer avec toi ».

Le collaborateur abrège l'entretien en se demandant quelle erreur il a bien pu commettre pour que son patron lui parle aussi durement.

Le coach est le miroir. Un miroir n'émet pas. Il renvoie ce qu'il reçoit comme la lune reflète une partie de la lumière du soleil. Dans la relation client-coach, le soleil est bien le client. Le coach est miroir s'il revient en permanence à cette position relationnelle. Le reste est une question d'entraînement à la technique de la reformulation. L'objectif du coach est de permettre à son client **de visualiser son propre système de représentation** afin de faire évoluer son comportement, si nécessaire.

Reformuler permet de vérifier sa propre compréhension en **l'énonçant en des termes les plus proches possibles de ceux utilisés par le client.** Bénéficiant de la reformulation, le client peut alors vérifier la qualité de l'écoute du coach, ce qui l'incite à préciser et compléter sa propre expression, en réponse aux interventions de ce type : « Si je comprends bien ce que tu me dis, tu estimes que... Ce que tu veux dire, c'est... et tu en éprouves ce sentiment... ».

Reformuler n'est pas seulement répéter ce que l'autre vient de dire ; cela permet de refléter le message afin de le clarifier, d'en faire une synthèse, de faire ressortir l'essentiel, de susciter la reconnaissance du message émis, de relancer la discussion si nécessaire. Reformuler permet d'amener le client à réfléchir, à analyser et à élaborer des solutions à ses problèmes.

Une reformulation efficace implique :

- d'être disponible et ouvert à ce que dit et ressent le client,
- d'être à l'écoute de sa personne et pas seulement du problème posé,
- d'exprimer les faits mais aussi les opinions et les sentiments du client perçus par le coach,
- d'obtenir l'accord du client sur la reformulation proposée.

Le coach est miroir lorsqu'il cherche le meilleur angle pour renvoyer l'image de son client, la plus fidèle possible, par ses questions et reformulations.

✷

En séminaire, l'un des freins principaux à l'apprentissage de la reformulation est la recherche de valeur ajoutée intellectuelle, la volonté d'exprimer la même idée mais avec ses propres mots, de chercher à enrichir l'expression initiale. Être simplement miroir n'est pas perçu comme une marque suffisante d'intelligence...

L'empathie

Capitaine est victime de l'antipathie systématique d'un supérieur, proche du harcèlement moral. Constatant sur lui les importants dégâts de ce comportement, Capitaine est satisfait d'avoir adopté le comportement opposé avec ses collaborateurs : la sympathie. D'ailleurs, c'est facile pour lui ; il les aime bien, il les a recrutés. Il rencontre bien quelques difficultés pour les aider vraiment quand ils vivent des moments difficiles ou pour les orienter s'ils commettent des erreurs. Quand ils parlent de Capitaine, ses collaborateurs ne comprennent pas comment un patron si gentil a tant de mal à trouver les mots justes, à se mettre à leur place pour intégrer leurs problèmes et quitter cette attitude « sympathique », certes bienveillante, mais somme toute étouffante et finalement peu efficace en management.

Le coach sait bien que la perception qu'il a de son client, et donc la position relationnelle qu'il adopte vis-à-vis de lui, conditionne la réussite de son intervention. Bien entendu, **l'apathie et l'antipathie** sont contre-productives dans une relation d'aide. Quant à **la sympathie**, contre toute apparence elle n'est pas la position d'aide la plus efficace pour faciliter le diagnostic et le discernement du coach ou la libre expression du client. En effet, le client a besoin d'un espace neutre et objectif pour s'exprimer sans craindre de détruire la sympathie que le coach a pour lui. Par exemple, un enfant avoue plus facilement ses écarts de conduite à un tiers qu'à ses parents, pourtant remplis de sympathie à son égard. De plus, par sympathie, un coach risque de retenir son questionnement pour éviter de déclencher des émotions négatives chez son client, en prenant le risque de ne pas adresser la vraie problématique ou de rester trop superficiel.

L'empathie est la position relationnelle la plus efficace en entretien pour apporter son aide à quelqu'un. Elle consiste à se décentrer pour se mettre à la place de son interlocuteur, imaginer ce qu'il peut penser et ressentir.

Le coach pratique l'empathie avec son client quand il comprend son contexte et ses modes de fonctionnement et les lui renvoie en miroir, sans projeter ses propres perceptions. L'objectif du coach pratiquant l'empathie est bien de se mettre à la place de son client, mais avec ses yeux à lui, avec ses filtres et ses grilles de lecture, et non ceux du coach. Le coach doit donc les avoir identifiés au préalable, d'où la nécessité pour lui d'avoir entrepris une thérapie personnelle.

Empathique envers son client, le coach peut alors comprendre aussi complètement que possible son monde subjectif. **L'empathie permet de mettre l'accent sur les aspects affectifs et émotionnels des problèmes plutôt que sur leur aspect intellectuel.**

Le coach comprenant ainsi comment le client se voit lui-même et voit le monde, cela facilite chez lui ces subtils changements dans l'image de soi qui permettent de progresser. Cette compréhension suppose chez le coach le désir et la capacité de pénétrer sans peur dans le monde des perceptions personnelles de son client et d'en devenir un familier.

*

En formation au coaching, la relation empathique est difficile à faire percevoir aux participants, à partager avec eux, car la compréhension de l'empathie ne passe pas par l'intellect, mais par le cœur, l'observation attentive et l'expérience. Ce partage débute dès le lancement du séminaire par la question posée successivement à chacun : « que ressentez-vous ? ». Cette question interroge chaque participant sur son fonctionnement habituel, sur le peu d'attention qu'il porte à son ressenti et à ses émotions, et donc *a fortiori* à ceux des autres.

En entraînement aux entretiens de coaching, la question : **« en ce moment, quelle perception as-tu de ta situation ? »** permet au coach et bien sûr au client, de bien se centrer sur son monde intérieur. Le coach peut alors ressentir la sensation **d'être avec** son client, sans jugement positif ou négatif, d'être simplement à l'écoute de la moindre variation d'expression ou de posture physique du client. Ces variations sont autant d'indices des changements d'état intérieur du client, indiquant au coach des pistes de questionnement.

Je distribue également le texte suivant de Carl Rogers, fondateur dans les années 1950 de la psychologie non-directive :

« *L'empathie suppose que vous soyez sensible, à tout moment, au flot changeant des significations chez l'autre personne, à sa peur, à sa colère, à sa tendresse, à sa confusion ou à quoi que ce soit qu'elle est en train d'éprouver. Cela implique que vous entriez pour un moment dans la vie de l'autre, que vous vous y déplaciez délicatement, sans porter de jugements de valeur, que vous perceviez les significations dont l'autre est à peine conscient mais sans tenter de dévoiler les sentiments dont la personne n'a pas encore vraiment conscience, car ce serait trop menaçant. Cela implique aussi que vous communiquiez ce que vous percevez de ce monde, vous qui voyez d'un œil nouveau et sans crainte des choses dont l'individu a peur. Cela implique encore que vous vérifiez avec votre client la justesse de ce que vous percevez et que vous vous laissiez guider par les réponses.* **Vous êtes le confident qui accompagne la personne dans son monde intérieur.** »[1]

L'empathie pour une personne consiste, pour un temps limité et sans jugement, à l'accompagner dans son monde intérieur afin de l'aider à le percevoir plus clairement.

1. Carl ROGERS, *La relation d'aide et la psychothérapie*, ESF, 1977.

LA CONGRUENCE ET L'INTÉGRITÉ

Suite à une erreur de stratégie commerciale de la direction générale, Capitaine doit licencier plusieurs personnes de son service. Rendus inquiets par les rumeurs persistantes, ses collaborateurs lui demandent quelles sont les décisions prises. Il leur répond qu'ils peuvent avoir confiance, que rien ne se passera avant plusieurs mois. Une semaine après cette réunion, les lettres de licenciement sont reçues. Quelques mois plus tard, Capitaine ne comprend toujours pas le manque d'ardeur à la tâche des collaborateurs non licenciés et leur méfiance à son égard. Après tout, il a su les protéger d'une mauvaise information et leur faire gagner une semaine de tranquillité !

Lors de sa première séance de coaching, le coach de Capitaine lui fait découvrir **qu'il n'était pas congruent pendant cette période et qu'il a manqué d'intégrité.**

Capitaine n'a pas su assumer la décision prise par sa hiérarchie, à laquelle il n'adhère pas. Il n'a pas su non plus annoncer la mauvaise nouvelle au bon moment, avec des mots et une attitude authentiques, seuls capables d'aider ses collaborateurs à mieux vivre la situation et lui maintenir leur confiance.

Une personne est congruente quand sont en cohérence ce qu'elle est ou pense, ce qu'elle dit ou montre, et ce qu'elle fait. La congruence est l'une des principales qualités du coach. Un coach est congruent quand ses pensées, ses mots et ses actes sont « alignés ». La congruence implique donc que, dans la relation, le coach soit ce qu'il est, sans masque, et sans chercher à se cacher derrière un rôle professionnel.

Le coach doit donc être transparent pour son client. Il peut exprimer les idées, les sentiments et les attitudes qu'il ressent, ce qui n'est pas très aisé. Mais c'est l'une des conditions de son efficacité. La recherche de congruence par le coach requiert donc une ouverture continue à son vécu profond. Aux moments où il n'est pas congruent, il peut par exemple se mettre à croiser les bras ou à faire des lapsus. La congruence implique que le coach soit prêt à vivre et à exprimer, sans se censurer, tout sentiment qui persisterait au sein de la relation.

Rechercher sa propre congruence est d'ailleurs le meilleur outil à la disposition du coach pour entraîner son client et lui donner envie d'être congruent lui-même.

Grâce à son coach, Capitaine découvre ensuite quel comportement aurait pu être le sien en étant plus intègre : assumer la difficulté d'une décision qu'il ne partage pas, donner l'information nécessaire au bon moment et traiter ses collaborateurs en adultes responsables.

L'intégrité est la capacité à ressentir ce qui est vrai pour soi et à l'exprimer de façon claire et assimilable par l'autre. Il s'agit de dire la vérité, mais pas toute la vérité (sinon c'est de l'intégrisme et la différence est de taille).

L'intégrité est un apprentissage progressif de la sobriété en matière relationnelle : trouver les mots justes, éviter les superlatifs, choisir le bon moment, apprendre la franchise, dépasser sa peur de l'autre.

L'intégrité est la capacité à maintenir le contact avec l'autre tout en restant soi-même en équilibre. Elle développe le sentiment de confiance et d'authenticité entre deux personnes.

*

En séminaire, l'absence de congruence se détecte plus facilement chez les autres. Pour exemple la célèbre phrase : « Patron, ce que vous faites parle si fort que je n'entends plus ce que vous dites ».

Conceptuellement, je fais percevoir la congruence par trois cercles ayant une intersection commune : l'un représente ce que je suis, l'autre ce que je dis, le troisième ce que je fais. L'intersection est **la zone de congruence**. C'est à la fois la zone la plus efficace (ce que je dis est alors crédibilisé par ce que suis et ce que je fais) mais aussi la plus confortable (si je suis congruent le plus souvent possible, je peux faire l'économie de me souvenir de ce que j'ai déjà partagé avec un participant rencontré auparavant. L'authenticité est un bon placement à long terme !).

Un coach est congruent quand ses pensées, ses mots et ses actes sont en cohérence.

Par un exercice, les participants prennent conscience que le champ de l'intégrité n'est pas la morale mais la psychologie. En effet, la pratique régulière de l'intégrité est difficile car elle nous met en relation avec deux angoisses souvent ancrées profondément : **l'angoisse d'abandon et l'angoisse d'envahissement.** Cet exercice se pratique en binôme, chacun exprimant successivement à l'autre des choses personnelles. Par exemple, si je m'approche de mon interlocuteur en pratiquant l'intégrité, je prends soit le risque d'être envahi, soit celui que mon interlocuteur quitte la relation si mes propos ne lui plaisent pas. Deux risques inacceptables pour moi qui peuvent limiter ma capacité d'intégrité. En conséquence, je me protège souvent de ces deux angoisses en construisant des défenses très profondes. Un travail psychologique personnel est donc indispensable au coach pour développer et stabiliser son intégrité.

LA PROJECTION

Capitaine a souvent peur de se tromper. Pour lui, chaque détail est important. Il vérifie plusieurs fois la pertinence de ses raisonnements. Il relit ses notes à la recherche de fautes d'orthographe éventuelles, bien que son orthographe soit de niveau académique. Bien entendu, il exige la même « perfection » de la part de ses collaborateurs. Ses mots favoris sont : avez-vous vérifié ? Qui a vérifié ? Vous êtes certain que c'est complet ? Une erreur est inadmissible dans ce service !

L'ambiance est souvent tendue. Les résultats sont médiocres. Capitaine est persuadé que les choses iraient beaucoup mieux si les autres étaient plus attentifs à ce qu'ils font. Dommage qu'il n'ait pas le temps de tout faire lui-même.

En séance de coaching, Capitaine se plaint du faible niveau de ses collaborateurs et de ses difficultés à les faire changer. Son coach l'amène alors à découvrir le processus psychologique de projection.

La projection psychologique est l'attribution aux autres, de manière inconsciente, de sa propre vision du monde. C'est le mécanisme de l'imaginaire qui permet le contact et la compréhension d'autrui. C'est la projection qui alimente la création artistique de l'écrivain qui s'identifie à son œuvre ou à son héros.

La projection devient pathologique lorsqu'un individu prête à l'environnement des pensées, des intentions ou des sentiments qui lui appartiennent, et ceci de manière inconsciente et systématique. Par exemple, les projections dominent dans les conflits entre personnes où chacun attribue à l'autre ce qu'il ne supporte pas en lui-même. Prendre conscience de ses propres projections sur l'Autre et des projections de l'Autre sur soi permet souvent de trouver la distance pertinente pour résoudre positivement le conflit. Par ailleurs, la projection est souvent à l'œuvre dans la fascination ou la passion amoureuse : ce que j'aime en toi est ce que j'aime en moi !

Notre discours est souvent auto-réflexif car nous ne parlons que de nous-mêmes, notamment quand nous adressons des critiques virulentes aux autres. Celles-ci ne sont rien d'autre que des pièces non reconnues de notre propre autobiographie. **Si vous voulez connaître quelqu'un, écoutez ce qu'il dit sur le compte des autres.**

Si nous sommes portés à mépriser ou à détester chez autrui de manière virulente certains traits de caractère ou certaines qualités, c'est que nous avons un besoin urgent de les développer en nous-mêmes. Si nous détestons une personne douce et tranquille, c'est sans doute qu'il nous manque de telles qualités pour contrebalancer notre personnalité trop agressive, notre vie agitée et notre désir de paraître. À l'inverse, si nous détestons ceux qui se mettent en avant et qui savent attirer l'attention sur eux, c'est sans doute que nous ne supportons pas notre manque d'assurance et de confiance en nous. Si nous arrivons à surmonter notre répulsion, tout ce que l'on pourra apprendre de l'autre personne, apparemment si différente de nous, nous aidera à acquérir une plus grande maturité.

*

En formation, j'utilise **le jeu du héros** pour faire prendre conscience du processus de projection. Accessoirement, ce jeu est un excellent moyen pour que chacun identifie et exprime ses vraies qualités, en limitant au maximum les filtres.

Chaque participant écrit les trois principales qualités qu'il attribue à chacun des trois principaux héros auxquels il s'identifie. Un héros peut être réel ou imaginaire, vivant ou décédé, connu notoirement ou seulement du participant. Si le mot héros est trop fort, il est possible de choisir des personnages admirés ou reconnus pour leurs qualités. À l'extrême, seules les qualités seront retenues dans l'exercice. Le jeu se déroule en trois temps.

1. Chacun écrit individuellement les noms des trois héros et les neuf qualités (trois par héros). Une même qualité peut être citée plusieurs fois. Il s'agit bien de qualités positives et non de caractéristiques.

2. Successivement, chacun se lève pour lire ce qu'il a écrit : noms des héros et qualités.
3. Puis, le lecteur debout ne s'intéresse maintenant plus qu'aux qualités écrites. Devant chaque qualité il ajoute « je suis » ou « j'ai » selon le sens de la phrase. Par exemple, le courage de Churchill devient : « je suis courageux ». À ce stade de l'exercice, il ne s'agit pas de juger la pertinence de la phrase mais bien de lire ce qui est écrit. Je demande ensuite au participant laquelle des neuf qualités lues lui correspond le moins. Généralement, dans plus de 95 % des cas, le participant a déjà partiellement développé cette qualité ou aimerait l'acquérir. *A fortiori* pour les huit autres qualités. Le participant termine l'exercice en lisant solennellement ses neuf qualités, réelles ou en potentiel.

Projeter, c'est attribuer aux autres sa propre vision du monde, de manière inconsciente. Identifier ses propres projections est donc indispensable au coach afin d'éviter de polluer son client.

Les qualités que nous attribuons aux autres nous concernent donc. Dans une moindre mesure, il en est de même pour les défauts. Pour des raisons évidentes de respect de la personne et de refus de manipuler, **le jeu de l'anti-héros est strictement interdit.** En effet, ce jeu dévoilerait ainsi les défauts des autres, à leur insu.

La plupart des managers ignorent l'existence même de la projection psychologique. Leur surprise est grande quand ils en prennent conscience. Le regret largement partagé est de la découvrir si tard. Ou plutôt de la redécouvrir car, dans les cours de récréation, chaque enfant est déjà conscient intuitivement de cette loi quand il hurle, pour se défendre des attaques verbales de son copain qui le « traite » : « c'est celui qui le dit qui l'est ! ».

LE QUESTIONNEMENT

Capitaine progresse. Son patron a réussi à lui faire comprendre qu'il inhibait souvent ses collaborateurs par une trop grande affirmation de ses idées. Peut-être qu'une question, de temps en temps, faciliterait le dialogue. Lors d'un point d'avancement avec son chef de projet, Capitaine décide de suivre ce conseil. Après tout, pense-t-il, poser des questions est plus facile que d'apporter les bonnes réponses.

« Bonjour, veux-tu que je t'aide à y voir plus clair ? As-tu pensé à tout ? Malgré le peu d'informations, tu dois avoir raison sur ce point, inutile d'approfondir. Changeons de sujet. As-tu terminé le budget ? »

Après cet entretien surprenant, le chef de projet décide de ne plus solliciter l'aide de Capitaine.

Si Capitaine était coaché, il se rendrait compte de l'importance du questionnement et de la précision nécessaire à sa réussite. L'écoute et l'empathie permettent de trouver l'attitude juste. La première erreur de Capitaine est de poser des **questions fermées**. Une question est fermée s'il n'est possible d'y répondre que par oui ou par non. Par exemple : es-tu d'accord ? Pour exprimer la même demande, la question : « quel est ton avis ? » offre davantage de liberté de réponses à l'interlocuteur. De même, « en quoi puis-je t'aider ? » est meilleur que « veux-tu que je t'aide ? ». Psychologiquement, une question fermée implique souvent le désir inconscient d'obtenir la réponse : non. D'ailleurs, les questions fermées sont fortement déconseillées aux vendeurs. En stage de formation à la vente, nous utilisons l'exemple du serveur au restaurant. À la question : « prendrez-vous un apéritif ? », une majorité de clients répond non. Quand le serveur formule la même intention en **question ouverte** du type : « que prendrez-vous en apéritif ? Un whisky, un kir royal ou notre excellent cocktail maison ? », il multiplie alors son chiffre d'affaires.

Les questions fermées sont parfois utilisées pour manipuler. Un bon vendeur cherche à obtenir un oui de la part de son prospect, car un premier oui prononcé en entraîne souvent d'autres. Le vendeur posera donc une question fermée à son prospect dont il connaît déjà la réponse positive. Par exemple : « la puissance de cette voiture vous convient-elle ? ». Le oui du prospect sera de bon augure pour la suite.

✷

Le questionnement inductif permet au coach d'accompagner la progression de la pensée de son client, sans la précéder. Le questionnement se pratique en entonnoir, du plus global au plus précis. Il consiste à amener le client à construire son propre avis en explorant des alternatives nouvelles, en précisant et justifiant ce qu'il dit. Le coach n'abandonne pas son questionnement avant d'avoir la conviction que le client n'ira pas plus loin aujourd'hui, soit parce qu'il ne le peut pas psychologiquement, soit parce que cette piste a été explorée en profondeur. J'utilise les questions suivantes comme repères pratiques :

- Pourquoi ? (si possible posée plusieurs fois)
- Qu'est-ce qui te fait dire cela ?
- Tu en es sûr ?
- Comment fais-tu ?
- Peux-tu me donner un exemple ?
- Comment expliques-tu cela ?

La question est l'outil principal du coach : questions ouvertes, inductives, de relance ou questions fermées pour déclencher une réaction. Le coach est l'expert de la question.

LE CADRAGE

Capitaine est devenu un expert en questionnement après avoir bénéficié d'un second stage de coaching. Il mène ses entretiens avec empathie mêlée de sympathie. Étant souvent pertinentes, ses questions dérangent ses collaborateurs qui ont tendance alors à changer de sujet. Les entretiens professionnels de Capitaine se terminent de plus en plus souvent sur des sujets légers, agréables et sans enjeu.

Parmi ses collaborateurs, il bénéficie d'une bonne image. Mais ils commencent à se demander quelle est sa valeur ajoutée.

Le patron de Capitaine, spécialiste du cadrage, le recadre par une synthèse des apports de son coach personnel.

Cadrer un client, lui a-t-il montré, c'est le ramener à sa demande initiale, à la problématique à traiter, à la méthode choisie conjointement. Un entretien de coaching n'est pas une discussion entre amis, ni un échange d'avis genre « Café du commerce ». Il s'agit d'éviter les bavardages, les digressions et la superficialité. Réussir le cadrage implique que le coach soit bien centré et ne cherche pas à capter la sympathie de son client. C'est l'un des rares moments où le coach doit reprendre le pouvoir, où il doit mener la relation afin de conserver le cap défini conjointement au départ. Par ailleurs, le cadrage doit respecter les valeurs du client et prendre en compte son environnement.

Voici quelques exemples de cadrage du client par le coach :

- « Peux-tu me rappeler l'objectif de notre séance ? (le coach l'ayant parfaitement à l'esprit !) »
- « À ton avis, quel rapport fais-tu entre ce que tu viens de me dire et notre recherche actuelle ? »
- « J'ai bien compris que ceci est une difficulté pour toi, mais cela n'a pas de rapport direct avec notre sujet. Nous pourrons y revenir plus tard, si tu le souhaites ».

✷

Le risque du cadrage concerne la vie quotidienne. Un manager ou un coach pratiquant régulièrement un cadrage efficace peut avoir tendance, inconsciemment, à l'utiliser en permanence. Bonjour l'ambiance en famille ou entre amis !

Le cadrage permet au coach de ramener le client à sa demande initiale ou de revenir sur un point important à approfondir. À l'opposé du cadrage, on trouve le bavardage.

LA DÉCENTRATION

Capitaine se sent maintenant capable de résoudre des conflits interpersonnels. Son assistante communique difficilement avec l'assistante de son patron, plus âgée, ce qui le pénalise. Il entreprend donc de la coacher. Le rendez-vous est pris. Capitaine déroule très bien la méthode et recadre même en professionnel. Pourtant rien n'y fait, son assistante reste bloquée sur la situation et sur les brimades de « l'autre ». L'entretien, pourtant bien mené par Capitaine, se termine sur un blocage : son assistante refuse l'autorité de l'assistante de son patron et ne voit pas pourquoi elle devrait changer.

Heureusement, Capitaine est coaché depuis peu. Il évoque cet entretien avec son coach. Son erreur est de ne pas avoir suggéré à son assistante de **changer de point de vue**. Quand l'émotionnel du client est bloqué, ce qui est souvent le cas en situation conflictuelle, l'une des solutions est d'amener le client **à changer de perspective**, à se décentrer. La décentration favorise l'expression des émotions. Elle facilite aussi la recherche de solutions créatives à un problème personnel dont l'enjeu affectif est fort.

Pour réussir le décentrage, le coach dispose de trois leviers principaux :

- **l'espace** : se mettre dans la peau de quelqu'un d'autre facilite la prise de conscience, permet de mieux se comprendre et comprendre les autres.
  L'assistante de Capitaine, se mettant à la place de l'autre assistante, aurait pu alors ressentir sa crainte face à une femme plus jeune, et avec qui il est difficile de s'entendre.
- **le temps** : visualiser les résultats atteints dans le futur permet de se motiver à l'action de changement et facilite le processus. La visualisation est bien une technique de décentrage.
  L'une des solutions pour l'assistante de Capitaine consiste aussi à découpler l'image du passé de la situation réelle actuelle.

- **le conditionnel** : le « et si ? » donne souvent l'autorisation de percevoir la réalité autrement et de changer ses modes d'action. *L'assistante de Capitaine pourrait percevoir : et si, à chaque fois que je me sens agressée, je revenais aux faits objectifs, à mon intérêt actuel et à celui de mon patron ?*

✷

En formation au management, j'utilise couramment ces trois leviers pour faciliter la prise de conscience des participants. Quand le temps disponible est réduit, il est très efficace de partir de la situation vécue par une personne, de l'amener à changer de perspective pour percevoir cette situation sous un autre angle, puis de revenir au réel avec des solutions inédites.

La décentration est l'outil complémentaire du cadrage qui permet de changer de perspective afin de mieux percevoir une situation.

LA COMMUNICATION NON-VERBALE

Capitaine est convoqué par son patron à la suite d'une erreur commise par l'un de ses collaborateurs, aux conséquences financières importantes. Il décide d'assumer et de se montrer coopératif même si, au fond, il considère que les décisions budgétaires de son patron sont à l'origine de cette erreur. De façon inhabituelle, Capitaine arrive en retard. Sa voix, si souvent enjouée et chaleureuse, est cette fois retenue, comme s'il ne croyait pas aux mots qu'il prononce. Pourtant, ses mots, sa syntaxe et ses formulations sont justes et parfaits. Pendant l'entretien, il reste jambes et bras croisés, a le buste en arrière et se gratte souvent le bout du nez. Il sort de l'entretien, satisfait d'être resté maître de ses vrais sentiments. Quelques jours plus tard, il apprend par le DRH qu'il n'est plus en odeur de sainteté, leur patron commun lui reprochant son manque d'esprit de responsabilité.

Au cours d'un séminaire de prise de parole en public, Capitaine prend conscience du **langage analogique, du non-verbal.**

Ce sont les gestes qui accompagnent notre discours ou notre silence, les mimiques qui animent notre visage, l'intonation et le rythme de notre voix, notre posture corporelle. Le langage analogique est directement le langage des émotions. Il est interprété par notre interlocuteur, souvent en fonction de ses propres grilles de lecture.

À l'écrit, la communication passe exclusivement au travers des mots, bien qu'elle suscite l'imagination et les émotions du lecteur.

À l'oral, l'orateur formé par la culture écrite se focalise souvent sur la recherche du mot juste et l'enchaînement conceptuel des idées, au détriment de **la communication non-verbale** : le langage du corps, l'émotion, l'intuition, l'attitude et le feed-back de l'auditoire. Des tests ont montré que ce qui est perçu et retenu par l'auditoire à plus de 80 % est le langage analogique, gestuelle et voix.

S'il y a dissonance entre les mots et l'attitude, les interlocuteurs choisissent l'attitude car pour la sagesse populaire les corps ne savent pas mentir.

Le lapsus est l'utilisation d'un mot pour un autre. L'orateur pourra toujours se reprendre par une phrase du type : « ce n'est pas ce que je voulais dire », l'auditoire sait bien où se situe sa vraie pensée. **Le lapsus corporel** est la réalisation d'un mouvement à la place d'un autre. Par exemple, marcher sur le pied de quelqu'un que l'on va accueillir n'est pas seulement de la maladresse. Il peut s'agir d'un refus inconscient de recevoir la personne ou d'une volonté de marquer son territoire.

✸

En formation au coaching, j'attire fortement l'attention des participants sur la prise en compte de l'analogique dans leur communication. D'une part, pour les mettre en garde contre leurs impressions qui ne seraient pas validées par une analyse factuelle. D'autre part, pour les entraîner à percevoir et décoder le langage non-verbal de leur interlocuteur et, ainsi, être davantage conscients de l'existence et de l'impact de leur propre langage analogique. **La synchronisation**, décrite dans le chapitre sur la relation client-coach, prend donc ici toute son importance.

Le non-verbal, ce sont les gestes qui accompagnent notre discours ou notre silence, les mimiques qui animent notre visage, l'intonation et le rythme de notre voix, notre posture corporelle.

L'INTUITION

Bien que s'en méfiant fortement, Capitaine ne sous-estime pas l'importance de l'intuition. D'ailleurs, il fait souvent appel à celle de son assistante pour compléter ses informations, notamment concernant les personnes. En séance de coaching, il se demande parfois quelle technique rationnelle son coach utilise pour mettre si souvent l'accent « là où ça fait mal ». Il a même l'impression que son coach lit dans ses pensées. Déroutant !

Un bon coach est un coach intuitif. Cette affirmation est excessive mais comment faire œuvre utile pour le client dans un temps si court ? Comment identifier avec fiabilité son chemin dans un labyrinthe inconnu du coach et souvent du client lui-même ? L'intuition fait bien partie de la boîte à outils du coach, et se situe même en bonne place.

Qu'est-ce que l'intuition, comment la développer et l'utiliser avec fiabilité en coaching ?

L'intuition est la perception rapide et spontanée d'une information sans l'attention consciente ou le raisonnement, une capacité de connaître qui ne recourt pas à la déduction ou au raisonnement et l'un des moyens d'accès à l'inconscient individuel et collectif. L'intuition est notre talent pour aller au fond des choses et comprendre la vraie nature de ce que nous rencontrons : les événements, les gens, la connaissance, nous-mêmes,...

Le mot intuition vient du latin *intueri* qui signifie : regarder attentivement à l'intérieur de soi.

L'intuition n'est pas un acte volontaire. C'est un état de présence, d'attention et de réceptivité qui modifie le niveau de conscience et la capacité de percevoir jusqu'à faciliter les perceptions extrasensorielles.

L'hémisphère droit de notre cerveau est plutôt le siège des fonctions à dominante intuitive. Il intervient sur la compréhension non-verbale, les images, la perception globale de la réalité, la synthèse, la musique et les sons, la vision, l'imagination, les analogies et les associations d'idées. Les sons et les images agissent sur l'hémisphère droit et donc sur le développement de l'intuition.

On reconnaît habituellement une personne intuitive au fait qu'elle aime jongler avec des idées et des théories, qu'elle est créative et imaginative, qu'elle aime innover, qu'elle a une vue globale des choses et remarque peu les détails. Par exemple, elle s'intéresse à la forêt et non à chaque arbre en particulier.

Comment développer son intuition ?

La façon la plus simple et la plus fiable d'identifier une intuition est **d'écouter son corps**. Quand un coach rencontre son client pour la première fois ou quand il décide de lui dire une chose importante, la nature de son sentiment corporel et de son émotion lui communiquent des informations essentielles. Un sentiment de malaise ou des tensions physiques peuvent indiquer une perception négative vis-à-vis du client. Une détente corporelle ou une bouffée de chaleur sont souvent un signe d'encouragement. Chacun dispose d'indicateurs spécifiques pour interpréter ses sensations. La pratique personnelle et la confrontation avec celle des autres est un excellent moyen de progresser.

L'intuition se développe par **l'attitude intérieure juste**. La justesse est propre à chacun. Elle se manifeste à la fois par une présence impliquée et par une distance favorisant la lucidité. Le stress et la trop grande pression sur les résultats sont donc des obstacles au développement de l'intuition. Trois techniques favorisent le développement de l'intuition :

- **la relaxation** facilite le contact entre le corps et l'esprit, la détente corporelle et l'apaisement des pensées. En pratiquant **la respiration consciente**, la relaxation est le moyen de s'apprivoiser, de reprendre contact avec soi-même, de relâcher ses tensions, de

libérer la circulation de l'énergie bloquée aux niveaux physique, émotionnel et mental.
Le résultat d'une relaxation est souvent une décontraction musculaire, une paix intérieure et une production d'ondes cérébrales (**ondes ALPHA**) favorisant l'émergence de l'intuition.

- **la méditation** est à l'esprit ce que la culture physique est au corps. Méditer c'est augmenter l'espace entre deux pensées. La pratique régulière de la méditation est le moyen privilégié pour développer l'intuition, car la méditation va bien au-delà de la simple relaxation. Elle est en soi une technique d'épanouissement de la conscience, voire d'illumination. Après une méditation profonde, l'esprit intuitif devient plus fiable et les décisions à prendre sont plus claires.
- **les rêves** sont une matière première qui se manifeste spontanément, inconsciemment. Il est possible de les interroger consciemment, de leur poser des questions et d'écouter leurs réponses. Le rêve est la technique la plus naturelle pour développer l'intuition, puisqu'il n'y a rien d'autre à faire que de se souvenir de ses rêves et de comprendre leur message ! Voici deux repères importants pour interpréter ses propres rêves :
  – tous les personnages, les situations et les ambiances d'un rêve sont des éléments de sa propre psyché ;
  – la personne la plus habilitée à l'interprétation est le rêveur lui-même.

✱

En coaching, l'intuition est présente à chaque instant. Il s'agit d'en tenir compte et de vérifier à l'aide des autres outils du coach la pertinence de l'information reçue par intuition. Par exemple, si je perçois une dissonance entre ce que me dit mon client et l'écho de ma petite voix intérieure, je teste cet écho par une question. L'intuition m'aide également à approfondir certains traits psychologiques de mon client ou certaines causes enfouies de ses difficultés relationnelles actuelles.

Utilisée avec discernement et après vérification, l'intuition donne ainsi de la profondeur et de la fiabilité à l'apport du coach.

Un coaching réussi est le résultat d'une alchimie entre l'utilisation de méthodes rationnelles et de l'intuition, celle du coach autant que celle de son client.

L'ACTION JUSTE ET LE DISCERNEMENT

Capitaine pratique maintenant le coaching avec succès. Ses collaborateurs apprécient son sérieux et les efforts qu'il fait pour les écouter et les accompagner dans la recherche de leurs réponses. Pour un manager à l'image directive, une telle évolution est d'autant plus méritoire. Malheureusement, Capitaine sort souvent très fatigué de ses entretiens. Ce qui le surprend beaucoup car la fraîcheur de son coach, même après un entretien intense de trois heures, l'a toujours étonné.

La fatigue de Capitaine est donc le premier point abordé avec son coach lors de leur entretien mensuel. Capitaine découvre alors **l'écologie de l'action**. L'action porte en elle-même le déséquilibre, sinon elle ne pourrait pas se dérouler. Pour marcher, nous passons d'un pied à l'autre en créant des phases de déséquilibre. Mais, à moins de pratiquer la fuite en avant et de s'effondrer avant l'arrivée, nous régulons notre vitesse en fonction de nos capacités et de l'environnement.

L'action juste génère ses propres mécanismes de recyclage. Par exemple, l'animation d'une séance de coaching ne doit pas fatiguer davantage qu'une autre activité. Si Capitaine sort complètement vidé d'un entretien de coaching, cela ne signifie pas que son action était juste et qu'il a donné le meilleur de lui-même à son collaborateur. En fait, Capitaine a été victime de la culture dominante de l'entreprise : travailler sous la pression, terminer une tâche sans reprendre son souffle et se satisfaire d'une fatigue qui indique soi-disant son degré d'implication ! Être en forme et reposé est le premier cadeau que le coach peut faire à son client, jusqu'au bout de l'entretien.

✸

L'action juste implique de discerner les mots à prononcer et les actions à réaliser de ceux qu'il est préférable d'éviter. Discerner nécessite d'être présent, ici et maintenant, à ce qui se passe, à la présence du client, à notre relation et à soi-même.

Personnellement, j'utilise le triptyque des questions suivantes pour me guider, couplé si possible à une recherche intuitive : **est-ce vrai ? Est-ce juste ? Est-ce utile ?**

- Est-ce vrai ? La vérité est relative. La vérité divine n'est pas celle des hommes. Est-ce vrai pour moi ? Pour mon client ?
- Est-ce juste ? La justesse est un équilibre instable. La justesse du moment choisi. Du timbre de voix. La justesse du cœur. La justesse n'existe pas en tant que telle. C'est un travail fin en relation avec une situation.
- Est-ce utile ? J'ai sans doute raison de vouloir exprimer mon point de vue, mais à quoi cela sert-il pour moi ? Pour mon client ? La balance avantages / inconvénients penche de quel côté ? Quelles sont mes vraies motivations en voulant dire à haute voix ce que je pressens qu'il vaut mieux taire ?

Par ailleurs, **un ressourcement régulier** m'est indispensable pour conserver une bonne capacité de discernement. En synthèse, je me ressource par un travail régulier sur le sens et la finalité de mon action de coaching. Et par un retour régulier à mes sources énergétiques : la vie en couple, le jardin, la marche en forêt, le sport, la respiration consciente, la sieste, l'écoute de mes rêves, la prière, la recherche spirituelle.

L'action juste implique de discerner les mots à prononcer et les actions à réaliser de ceux qu'il est préférable d'éviter.

L'INTELLIGENCE ÉMOTIONNELLE

Capitaine est ingénieur. Malgré son expérience du management et ses nombreuses formations en développement personnel, il conserve la nostalgie des équations et des éprouvettes. L'expression favorite du DRH, « les hommes ne sont pas des machines », le laisse à chaque fois mélancolique. Tout serait si simple et… si ennuyeux, ajoute-t-il souvent avec lucidité.

La maîtrise des émotions, les siennes et celles de son client, est **au cœur des techniques du coach.**

Le sentiment et l'émotion est ce qui nous rend humain. Étymologiquement, l'émotion est ce qui fait avancer. L'émotion est le principal moteur de nos actions. Mais nous sommes souvent des infirmes dans ce domaine. La vie ne nous a-t-elle pas appris à nous méfier de nos émotions et à nous en protéger ? Il n'existe pas encore d'école de l'émotion. « Pas d'états d'âme » est un mot d'ordre fréquent en entreprise. Pourtant, la **compétence émotionnelle** est un facteur de différenciation très pertinent entre deux managers ou deux équipes car nous pensons rationnellement mais nous agissons émotionnellement.

Il est donc essentiel que le coach maîtrise les cinq aptitudes de **l'intelligence émotionnelle** :

- identifier ses propres émotions par une meilleure conscience de soi ;
- adapter ses sentiments à la situation en gérant mieux ses émotions ;
- concentrer son enthousiasme sur un objectif en pratiquant l'automotivation ;
- mieux percevoir les émotions de son client par l'empathie. L'intelligence émotionnelle permet de comprendre ce que l'autre exprime vraiment ;

- contrôler ses impulsions par la maîtrise de ses relations et de ses actes.

La relation émotionnelle entre le coach et le client prend toute sa dimension avec les phénomènes **de transfert et de contre-transfert**. Le transfert se manifeste quand le client investit le coach d'éléments du passé non résolus et réactivés par la relation. Le repérage des projections du client sur le coach facilite l'identification du transfert. Le contre-transfert concerne les réactions affectives du coach déclenchées par le transfert du client.

La relation client-coach est d'abord **un espace de transfert**. Le transfert se produit dès les premiers échanges. Le choix du coach par le client, et notamment les raisons qu'il exprime, est le début du transfert. Pour que le changement de comportement s'opère chez le client, le coach doit accepter le niveau adéquat de transfert et gérer son contre-transfert de façon pertinente. Un changement réussi vient souvent de la façon dont le client a résolu son transfert, c'est-à-dire a réussi à se libérer d'une partie de ses conditionnements inconscients en les revivant consciemment avec son coach.

*

En « soignant » ses clients, le coach se soigne donc aussi lui-même. Au-delà de l'intérêt pour l'aide apportée au client, c'est une dimension du métier qui en fait **une valeur ajoutée personnelle importante.** Ce qui me permet d'affirmer en signature de mes propositions de coaching : « Lors de mes interventions, chaque personne trouve les moyens de rencontrer ce qui l'anime au fond d'elle-même, de dégager ses parcelles de vérité cachées derrière les apparences et d'harmoniser son projet professionnel avec son projet de vie. J'aime contribuer à cette révélation et, de ce fait, continuer à me révéler ».

L'émotion est le principal moteur de nos actions. Amener le client à reconnaître ses émotions et à les utiliser pour agir est un moment-clé du coaching.

LES CHANGEMENTS DE COMPORTEMENT

Capitaine ne comprend pas pourquoi son meilleur collaborateur, si habile pour monter des dossiers convaincants, perd ses moyens quand il s'agit de les présenter au directeur général. En entretien de coaching avec lui, Capitaine a bien essayé de lui montrer que le DG appréciait son travail, même si ce dernier reste souvent perplexe devant son comportement enfantin et peu assertif en réunion. Le collaborateur essaie de se raisonner et de se conditionner avant chaque réunion. Rien n'y fait. Il reste bloqué devant cette difficulté. La situation s'aggrave face à l'échec constaté. Ne pas réussir à changer, malgré l'aide de son patron, renforce encore le sentiment d'infériorité du collaborateur. Capitaine est démuni et se promet de solliciter son coach.

En fait, Capitaine ignorait qu'il existe deux types de changements possibles.

Le changement superficiel ne concerne que le changement de réaction face à un stimuli. Par exemple, ne plus fréquenter de fumeurs ou supprimer les cendriers afin d'augmenter ses chances d'arrêter de fumer. Fondé sur la volonté et la répression des pulsions, ce changement est réversible.

Le changement durable passe par la prise de conscience qu'en amont des comportements existent des émotions nourries par des représentations mentales provenant des expériences précédentes vécues par la personne. Une représentation désigne ce qui forme le contenu concret d'une pensée liée à une perception antérieure. La chaîne cognitive est la suivante : situation actuelle – perception sensorielle – représentation d'une situation ancienne analogue – pensées – émotions – comportement – action. On entend par **cognition**, l'acquisition des savoirs sur l'environnement par l'intermédiaire de phénomènes comme l'attention, la perception, la mémoire et l'image mentale. La perception cognitive des contingences de l'environnement est l'élément principal pour expliquer notre comportement et son éventuelle inadaptation. La modification de comportement n'est donc pas seulement due au changement de réponse apportée au monde extérieur mais aussi au changement de la représentation cognitive que nous nous faisons de l'environnement.

Ce changement durable aboutit ainsi à une nouvelle représentation de la réalité, à une modification de notre vision du monde et de nos grilles de lecture (voir chapitre suivant).

En coaching, il s'agit d'éviter le piège de la recherche du pourquoi. Le pourquoi est du domaine de la sphère privée et de la psychothérapie. Connaître la cause initiale ne facilite pas la réponse au comment. Le coach ne cherche pas à connaître la cause de telle émotion mais à faire le lien entre l'émotion, la représentation associée et le comportement induit. Le travail sur les représentations permet d'identifier celles qui ne sont plus adaptées à notre environnement actuel. Chaque personne se constitue progressivement tout au long de sa vie un système de croyances et de représentations. Ce système, plus ou moins conscient, permet à chacun de rationaliser son environnement et de gérer ses frustrations.

Le risque principal du coach est de vouloir démontrer à son client qu'il a tort au lieu de lui faire découvrir l'enchaînement de ses croyances et des conséquences sur son comportement. **Pour aboutir à un changement de comportement, le coach doit prendre le temps de faire préciser les ressentis et les représentations du client, de manière à les modifier.** Ce travail se fait au travers d'un plan d'action favorisant une progression par étapes pour renforcer les conséquences des succès obtenus.

*

En formation au coaching, je fais lister les représentations des participants dans une situation donnée afin de faciliter leur prise de conscience. La difficulté est de les identifier. En effet, une représentation EST la réalité puisqu'elle est perçue comme vraie par la personne. Par ailleurs, l'idée même que cette « construction » ait pu guider notre vie jusqu'alors peut nous paraître intolérable au point de refuser de l'admettre. Quand chacun a listé ses principales représentations, grilles de lecture ou croyances, nous les verbalisons afin de les partager. Il est souvent plus facile de constater les croyances de son voisin que d'identifier et d'admettre les siennes.

Voici les représentations, grilles de lecture ou croyances les plus couramment constatées :

- si je me montre tel que je suis, on va se moquer de moi ;
- si je reconnais mon erreur, je n'aurais plus d'autorité ;
- si je ne réponds pas à leur demande ils vont croire que je ne sers à rien ;
- si je prends la parole les gens vont se moquer de moi ;
- ce que je fais doit être parfait sinon je suis mauvais et je culpabilise ;
- il faut que je contrôle tout moi-même ;
- il ne faut parler que si on est certain de ce qu'on va dire ;
- il ne faut jamais montrer ses émotions, c'est un signe de faiblesse ;
- je dois me méfier de l'affectif dans le travail sinon je peux commettre des erreurs importantes ;
- je dois contrôler ma spontanéité ;
- je dois plaire et faire plaisir sinon je ne vaux rien ;
- je ne dois pas faire de critique sinon je suis dur ;
- qui n'est pas avec moi est contre moi.

Pour amener un client à modifier ses représentations, j'utilise la décentration, par exemple en lui proposant d'imaginer une autre personne dans la même situation. Puis, je lui demande quelles seraient les conséquences pour lui s'il agissait à l'inverse de sa représentation. Il faut ensuite passer du constat de ce qu'il fait à la recherche du pourquoi il le fait.

Le travail se poursuit par la recherche de représentations plus adaptées à son contexte actuel.

Les dernières défenses du client s'expriment souvent au travers des principales **idées reçues** : « chassez le naturel, il revient au galop, on ne peut pas changer, il faut être soi, si je change je ne serais plus le même ». Il peut être également utile de rechercher les **bénéfices secondaires** que nous retirons en refusant de changer. Par exemple, une expression brutale fréquente peut protéger la personne d'une trop grande proximité relationnelle avec les autres et lui éviter ainsi de se poser des questions sur ses véritables sentiments.

Être en harmonie avec soi, chercher à s'améliorer et à fluidifier ses relations ne sont donc en rien contradictoires.

Le changement durable (et non superficiel) aboutit à une nouvelle représentation de la réalité, à une modification de notre vision du monde et de nos grilles de lecture.

LES GRILLES DE LECTURE

Capitaine se souvient encore de ce séminaire de coaching d'équipe où deux de ses collègues se sont insultés copieusement. L'animateur du séminaire présentait le transparent célèbre des deux femmes représentées sur un même dessin, l'une jeune, l'autre âgée. Généralement, une personne découvrant cette image pour la première fois ne perçoit que l'un ou l'autre des visages. L'autre constat intéressant est qu'une personne, ayant vu par exemple la jeune femme en premier, aura beaucoup de difficultés à voir la femme âgée. Chacun conserve sa première vision comme la seule légitime. Les deux collègues de Capitaine ne comprenaient donc pas comment l'un ne pouvait pas voir ce que l'autre voyait de manière aussi claire. La volonté d'avoir raison et la confirmation du mauvais fonctionnement intellectuel ou sexuel du collègue ont fait dégénérer rapidement la situation. La surprise passée et après l'intervention de l'animateur, les autres participants ont pris conscience des risques qu'eux-mêmes prenaient dans la vie courante dans leur communication, à cause de leurs certitudes parfois un peu trop rigides.

L'action du coach s'exprime le plus efficacement au moment où il bouscule les certitudes du client, quand il l'amène à envisager de changer de cadre de référence. Le coach conduit son client à prendre conscience d'une illusion majeure qui le sépare de la réalité : **son système de croyances et de valeurs**. C'est-à-dire la façon dont il perçoit le monde et l'ensemble des éléments (concepts, opinions, interprétations, convictions, grilles de lecture, visions, références, possibilités,...) qu'il croit vrais à un moment donné.

« Je ne crois que ce que je vois » est certes exprimé depuis Saint Thomas. La prise de conscience de notre système de croyances nous indique l'inverse : « **je ne peux voir que ce que je crois préalablement vrai** ».

Ce que le client appelle la réalité n'est que le résultat de ses perceptions passant au travers des filtres de ses croyances. Ses croyances limitent sa capacité à accepter et à interpréter les données fournies par ses perceptions. Ses perceptions sont également limitées par des contraintes physiologiques. Par exemple, les spectres visibles et audibles sont réduits : nous ne voyons pas les rayons X, nous n'entendons pas les ultrasons, nous ne sentons pas les ondes radio qui traversent notre corps. Nous ne distinguons pas toujours certains arômes ou parfums détectés par l'œnologue ou le parfumeur. Pourtant, la réalité ne s'arrête pas là où nous cessons de la percevoir.

Ce qui différencie la vision du monde entre deux personnes, c'est donc essentiellement leurs systèmes de croyances respectifs et les limites qu'ils leur imposent. Ces limites peuvent être utiles car elles facilitent la communication quand elles sont communes : systèmes de croyances analogues entre deux personnes ou culture d'entreprise forte. Elles sont aussi l'un des principaux obstacles à la communication quand les systèmes de croyances sont trop différents et que les interlocuteurs n'ont pas pris conscience de leur existence.

*

Pour le client, changer implique bien qu'il change aussi de lunettes, qu'il change ses grilles de lecture de la réalité et sa vision du monde. C'est la condition d'un changement durable conduisant à l'autonomie, y compris par rapport à son coach.

Prendre conscience que la réalité n'est pas LA réalité, mais bien celle que chacun perçoit au travers de ses grilles de lecture, permet au client de construire sa vision du monde en cohérence avec ses propres finalités.

LA MÉTA-COMMUNICATION

Capitaine est maintenant devenu un praticien consciencieux du coaching. Il applique la méthode avec précision mais se demande parfois ce qui lui manque pour être davantage à l'aise et mieux maîtriser son sujet. Heureusement pour lui, Capitaine rencontre son libraire favori qui lui parle du livre « Coaché ! »

Pour Capitaine, tout s'éclaire enfin !

Au chapitre sur la méta-communication, Capitaine trouve la réponse à ses interrogations.

Méta-communiquer est communiquer sur la manière dont nous communiquons. Être capable de sortir du contenu pour observer ce qui se passe dans la relation, chez le client et en soi en train de coacher. C'est dissocier le territoire de la carte représentant ce même territoire. Plus trivialement, c'est se regarder pédaler tout en continuant à pédaler au lieu de conserver le nez sur le guidon. *Méta* signifie en grec : au-delà de, ce qui englobe et donne du sens. Prendre une position « méta » est donc indispensable au coach pour accompagner efficacement son client dans son contexte.

Le coach méta-communique quand il applique consciemment les techniques de communication décrites dans les chapitres précédents et qu'il les partage avec son client dans un second temps. La communication n'est pas un processus linéaire. Il s'agit donc de rester prudent par rapport à nos perceptions et à leur interprétation. **La communication est un matériau technique comme un autre.** Seule notre ignorance, avec la complicité passive de la société – parents, enseignants, dirigeants, etc. –, nous fait envisager la communication différemment de la comptabilité, de la stratégie ou de la logistique.

La communication implique bien entendu notre émotionnel. Mais ce constat n'est pas, en soi, une mauvaise nouvelle. Le coach sait bien que son client ne peut vraiment changer que s'il réussit à contacter les zones sensibles de sa psyché. Quand un client devient rouge, commet des lapsus, ne trouve plus ses mots ou, parfois, fond en larmes, le coach lui donne de la **protection,** un conseil technique, un éclairage : « voilà ce qui se passe ; qu'en pensez-vous ? ».[2]

La communication entre le coach et le client passe donc par des phases de méta-communication, destinées à objectiver leur relation, à se décentrer et entraîner le client à maîtriser davantage sa propre communication.

✷

En séminaire de formation au coaching, la méta-communication est souvent ce qui est mis en évidence comme l'apport le plus opérationnel dans l'évaluation du séminaire. Après trois jours d'entraînement, les participants ont acquis certains réflexes afin de prendre de la distance par rapport à ce qui se passe au cours des exercices. Au-delà des techniques plus précises comme la reformulation ou le questionnement, il leur est plus facile de se souvenir de **la position méta**, notamment en situation d'urgence ou de tension émotionnelle.

2. Dans ce cas, le rôle essentiel du coach est aussi de donner à son client la **permission** de changer : « votre plaisir et votre intérêt sont d'aller dans cette direction, je vous soutiens ». Et la **puissance** de le faire : « vous avez l'énergie et les compétences pour y arriver, vous pouvez le faire ».

Méta-communiquer, c'est être capable de sortir du contenu pour observer ce qui se passe dans la relation, chez le client et en soi en train de coacher.

COACHING : LES LIMITES DE CETTE MÉTHODE DE COMMUNICATION

Le coaching est une méthode performante pour développer l'autonomie et responsabiliser chacun sur sa propre vie, qu'il s'agisse de collaborateurs ou de clients de prestataires de services, voire même d'adolescents. Les managers, les consultants, les formateurs ou les enseignants qui pratiquent le coaching communiquent plus efficacement. Le coaching est aussi un moyen d'équilibrer la relation en limitant le réflexe de parler de soi et d'imposer, par projection, sa propre vision du monde à son entourage.

Devant tant d'atouts, il serait tentant d'élever le coaching au niveau d'une **méthode universelle de communication**. Heureusement pour l'harmonie, le coaching porte ses propres limites, qu'il convient donc d'identifier dès le départ.

Tout d'abord, le coaching n'est pas applicable dans les situations d'urgence, même relative. S'il y a une vie à sauver, un feu à éteindre ou une opportunité à saisir dans l'instant, il vaut mieux donner un ordre impératif. Notre interlocuteur ne progresse pas mais il est toujours dans la course et le résultat concret est meilleur. Par ailleurs, entrer en empathie ou tenir le miroir dans l'urgence dépasse les capacités de la plupart d'entre nous.

L'efficacité du coaching dépend de la motivation, des compétences et de l'implication de l'interlocuteur. S'il n'est pas volontaire, s'il ne désire pas progresser ou s'il ignore son métier, même *a minima*, la tâche du coach est alors rendue très difficile, quel que soit son talent. Chacun est libre de choisir d'être accompagné ou non vers son développement et son autonomie. C'est le premier degré de l'autonomie qui permet notamment de résister aux injonctions paradoxales : « soyez autonomes, je le veux ! »

Les capacités du coach limitent la méthode. Son désir de bien faire peut l'amener à respecter l'aspect formel de la méthode aux dépens, par exemple, de l'écoute empathique. Son impatience risque de lui faire donner des conseils avant d'avoir expérimenté toutes les voies du coaching. L'insuffisance de connaissances en psychologie, notamment sur son fonctionnement personnel, peut freiner la relation de coaching et, en conséquence, démotiver chacun par manque de résultats.

*

Quand l'enthousiasme des participants aux séminaires d'entraînement au coaching commence à retomber, je fais découvrir les limites du coaching en utilisant la méthode. Chacun découvre alors par lui-même les limites du temps, du client et du coach. Ces limites dépassent la déontologie (voir partie 2 chapitre « *La déontologie* ») du coach professionnel car la méthode de coaching peut être utilisée par tous, sans autre condition préalable que de vouloir aider son interlocuteur à progresser.

Le coaching n'est pas applicable dans les situations d'urgence.

CONCLUSION PARTIE 1

Le coaching apporte donc un avantage considérable à la relation professionnelle. Il permet notamment de :

- développer des relations équilibrées entre les différents niveaux hiérarchiques ou de compétences ;
- donner du pouvoir et de l'autonomie à celui qui, *a priori*, en a le moins, notamment en se synchronisant sur son propre rythme d'appropriation ;
- faire progresser également celui qui tient le rôle du coach, en utilisant les outils de base et en revenant à chaque fois que nécessaire à la position de méta-communication.

Le coach, professionnel ou non, aide son client à devenir davantage autonome. Le risque est que le coaching, aussi efficace soit-il et sans doute en raison de son efficacité, crée une nouvelle dépendance et limite ainsi l'autonomie du client. La vigilance s'impose donc en permanence au coach.

Le coaching est également utilisé par des professionnels dont le métier est l'expertise technique pour améliorer la communication avec leurs clients. Par exemple, il est plus efficace pour un conseiller juridique de laisser le temps à son client d'approcher par lui-même la solution à son problème. Par quelques techniques de coaching, le conseiller juridique accompagne ainsi l'appropriation de la solution par son client. Le préalable est que ce professionnel soit moins centré sur ses capacités techniques et davantage sur le vécu de son client.

Par ailleurs, le coaching ne se limite pas à la sphère professionnelle. Cette méthode de communication est aussi pratiquée avec profit en couple ou avec ses enfants, notamment quand ils sont adolescents.

- II -
Coach :
un vrai métier

Et même **un métier à la mode**. Un métier qui suscite beaucoup de convoitises et nourrit, volontairement ou non, beaucoup d'erreurs d'interprétation. Quand Jacques Santini prend la décision de changer un joueur à la mi-temps, contrairement à ce qu'affirme Thierry Roland ce n'est pas du coaching mais bien du management d'équipe. Quand un formateur en finances forme un seul participant, ce n'est pas du coaching mais de la formation individuelle à la finance. Sauf éventuellement pendant les moments où le formateur utiliserait la méthode de coaching pour entraîner le participant à élargir sa vision et mieux prendre conscience des problématiques financières, par exemple par le questionnement ou la technique du miroir.

Le coaching est un art, celui de l'artisan. Bien qu'ils utilisent les mêmes outils, deux coachs auront chacun leur style et leur art particulier pour aider leur client à se révéler. Car chaque coach possède ses propres talents, construits d'abord à partir de sa propre personnalité. Pour autant, le coaching ne s'improvise pas, quels que soient les talents innés du coach car la matière du coaching est l'humain, le psychologique, la communication. Comme tout métier, **le coaching s'apprend**. Le coach doit se former à la méthode de coaching, à la psychologie, à mieux se connaître pour éviter de polluer son client et ainsi être plus efficace. Au-delà des techniques analytiques, la vraie compétence à acquérir par le coach est bien la maîtrise des émotions et notamment des phénomènes de projection, de transfert et de contre-transfert.

Le coaching se professionnalise. Groupements professionnels, écoles de coaching, codes déontologiques, recherche de transparence et pédagogie médiatique se développent au rythme de l'expansion du marché. Devenir coach professionnel est maintenant reconnu comme une perspective de métier enrichissante.

Pour tout métier, le professionnel se distingue du non-professionnel par sa capacité à maîtriser une situation pointue ou inattendue. L'amateur sait ce qu'il faut faire. Le professionnel sait ce qu'il ne faut pas faire. Par exemple, je peux apprendre à pétrir du pain, faire des croissants ou des tartelettes. Mais je ne serai reconnu comme boulanger professionnel que lorsque je saurai choisir seul le type de farine adéquat, régler mon four en fonction du degré d'humidité, affiner le temps de cuisson à la seconde près ou bien réagir instantanément à tout problème d'hygiène ou de sécurité. Outre des dispositions personnelles préalables, le boulanger ne devient donc un professionnel qu'après un temps d'apprentissage minimum au contact de maîtres boulangers maîtrisant à la fois la technique et la pédagogie.

Par ailleurs, et à la différence du conseil – expert où les cabinets forment des commandos de consultants à leurs méthodes, **le coaching résiste bien à l'industrialisation**. Tayloriser une prise de conscience, organiser scientifiquement une relation semblent hors de portée du scientisme managérial. Souhaitons-le pour longtemps encore.

Cette deuxième partie présente le métier de coach, notamment celui de coach externe intervenant auprès d'un dirigeant ou d'un manager. L'originalité du coaching interne et du coaching d'équipe est développée dans deux chapitres spécifiques.

POURQUOI ÊTRE COACHÉ ?

Capitaine est aujourd'hui PDG d'une entreprise industrielle. Il est autoritaire et respecté par ses collaborateurs. Par son professionnalisme et la vigueur de son implication, il réussit très bien dans son métier. Il voudrait développer l'usine mais, selon lui, son directeur manque de charisme et d'envergure. Comme ils se connaissent et s'apprécient depuis 20 ans, Capitaine réussit à le convaincre de faire appel rapidement à un coach. Le rendez-vous est pris. À la fin de la seconde séance, le coach abandonne. Après avoir pesté contre l'incompétence du coach, Capitaine se promet de mieux le choisir la prochaine fois. Mais que s'est-il passé ?

Pourquoi être coaché ? Parce que je le veux bien et que je le vaux bien. Cette formule au goût publicitaire résume bien la problématique de la décision de faire appel, ou non, à un coach. Capitaine a commis l'erreur de décider pour son collaborateur, même s'il y a mis les formes. Le directeur d'usine n'avait pas vraiment le choix de refuser. Il n'a pas eu non plus le temps suffisant pour mûrir la nécessité de bénéficier d'un conseil extérieur, de préciser ses objectifs opérationnels et donc de choisir le type d'aide le plus approprié. Dans ce contexte, le coaching était promis à l'échec. La déontologie du coach l'a conduit à arrêter la mission quand il a eu la conviction que son client, au fond, n'était pas prêt à contribuer à sa réussite.

Être coaché parce que je le veux bien

Le vrai déclencheur du coaching est le désir de changement perçu par le client potentiel. Ce désir peut s'exprimer sous différentes formes. Il peut s'agir de vouloir : modifier son comportement et mieux communiquer, retrouver du sens à son engagement professionnel, explorer de nouvelles motivations et finalités, construire un nouveau projet professionnel, développer les performances du département dont il est responsable, réussir une évolution professionnelle ambitieuse, rompre sa solitude en partageant ses questions avec un pair, sans risques, ou encore résoudre des difficultés spécifiques de management ou de communication.

Le DRH et le patron du client potentiel peuvent jouer le rôle de catalyseur et de facilitateur dans sa prise de décision. Le principal risque est de lui forcer la main, voire de décider implicitement à sa place. Ce risque n'est pas négligeable, d'autant plus qu'un besoin de coaching intervient souvent dans un contexte de communication dégradée.

Être coaché parce que je le vaux bien

En décidant de bénéficier de l'aide d'un coach, le client se fait un cadeau. Il se récompense en se donnant une chance supplémentaire de réaliser, à temps et dans les meilleures conditions, son accomplissement personnel. Le plus grand péché que l'on puisse commettre est de ne pas utiliser à fond les talents que Dieu nous a donnés à notre naissance ! Le coach n'est pas un réparateur. Il n'est pas mandaté pour faire de la maintenance, même préventive. Il contribue au meilleur investissement que l'entreprise puisse faire : celui sur l'être humain.

Le vouloir vraiment et avoir le sentiment de le valoir, malgré éventuellement une image de soi dégradée, sont donc les deux conditions préalables à la réussite de tout coaching.

Le coaching n'est pas la réponse universelle à toutes les difficultés rencontrées en entreprise. Un conseil technique peut être plus utile à court terme. Une formation au management peut donner les réponses techniques suffisantes pour régler la situation. Une thérapie personnelle peut vraiment aider une personnalité difficile à mieux vivre avec les autres. Un outplacement est plus honnête et plus efficace pour mettre fin à une relation professionnelle. Une voiture de fonction de luxe est davantage visible qu'un coaching pour flatter l'ego d'un dirigeant.

*

« Pourquoi souhaitez-vous être coaché ? Que puis-je faire pour vous ? » est la première question que je pose au client potentiel lors de notre entretien préalable. **« Et pourquoi être coaché par moi ? »** est la seconde question (elle sera développée dans le chapitre suivant).

L'objet de **l'entretien préalable** est d'identifier pourquoi mon client a décidé d'être coaché, s'il est vraiment demandeur, ce qu'il cherche à obtenir, quels résultats concrets il attend, comment il saura s'il est satisfait de la démarche, quelle est son urgence, quel est son contexte et quelles pressions éventuelles s'exercent sur lui, quelle connaissance il a de ses modes de fonctionnement et de l'image qu'il donne aux autres. En synthèse, il s'agit de comprendre et de reformuler **son besoin et sa demande**.

Le besoin est l'ensemble des éléments objectifs ou psychologiques non résolus par le client. C'est ce qui lui manque pour traiter son problème. Un besoin peut être latent. Je l'identifie par une question du type : « que vous manque-t-il pour atteindre votre objectif ? ». Même si j'ai confiance en mon diagnostic, il est préférable d'attendre pour l'exprimer à mon client. D'une part, je peux commettre une erreur par projection ou transfert. D'autre part, mon client n'est sans doute pas encore psychologiquement prêt à l'entendre. Une typologie utile des besoins est empruntée à la célèbre pyramide des besoins de Maslow[3] : besoins matériels, de sécurité, d'appartenance, de reconnaissance, de réalisation de soi et de recherche de sens.

La demande est l'identification du moyen pour traiter ce besoin. La demande peut être niée ou méconnue, implicite ou explicite. Dans un

3. Alain KERJEAN, *Les nouveaux comportements dans l'entreprise*, Éditions d'Organisation, 2000.

premier temps, j'aide donc mon client à formaliser sa demande : « quels résultats souhaitez-vous atteindre à l'issue de nos séances ? Qu'attendez-vous de moi, en quoi puis-je vous aider à les atteindre ? Quel engagement personnel êtes-vous prêt à prendre ? ». L'objectif du coaching est ainsi de trouver la ou les réponses qui correspondent à sa demande. La demande explicite de mon client est sa première expression. Elle correspond rarement à ce dont il a besoin pour progresser. L'art du coach consiste alors à aider son client à prendre conscience de sa demande et de son besoin, autant qu'il est nécessaire pour résoudre son problème. Aller trop loin et trop vite peut risquer de perturber inutilement le client. Rester trop superficiel manquerait d'efficacité.

Le contrat passé avec mon client consiste à préciser ce que je vais faire et ne pas faire avec lui afin de répondre à sa demande. Le contrat porte à la fois sur le résultat à atteindre par le client pour résoudre son problème et sur mon rôle de coach vis-à-vis de lui. Sa précision permet d'éviter les incompréhensions et de limiter les risques de frustration des acteurs ou d'échec de la mission du genre : « ce n'était pas ce que j'attendais de vous ». La seule expression du problème par le client est donc insuffisante pour engager le processus de coaching. **La clarté du rôle joué par chacun** pour atteindre le résultat, sans cesse actualisée, est une condition de réussite du coaching.

Par exemple, la demande explicite d'un de mes clients est de l'accompagner pendant 6 mois afin qu'il réussisse à **mieux s'affirmer face à son comité de direction**. Mon client, brillant, 32 ans, vient d'être nommé à la tête de cette équipe chevronnée, dont le plus jeune a 48 ans. Au cours de notre entretien, sa demande évolue vers une demande paradoxale : « j'attends de vous que vous m'aidiez à être plus autonome, en particulier par rapport à l'avis de mes collaborateurs, experts dans leur domaine. Dites-moi précisément ce que je dois faire ». J'accepte la mission. Elle progresse à bon rythme. Grâce au transfert positif de mon client sur un père empathique, tendance bienveillante, il prend progressivement conscience de son vrai besoin que nous traitons au cours des séances. L'enchaînement psychologique mis en évidence est le suivant : mieux s'affirmer, être autonome, oser dire non à des hommes plus âgés et plus compétents que soi, dissocier la situation présente (je suis le patron) de la représentation paternelle archaïque (si je m'oppose à mon père très autoritaire, il ne va plus m'aimer), expérimenter et s'entraîner avec son coach, se convaincre qu'il est préférable d'être aimé pour soi plutôt qu'en fonction de ce que l'on dit, s'affirmer avec assertion en respectant le besoin de l'interlocuteur. Ce cas est simplifié pour en faciliter le partage. Il est fidèle à la synthèse réalisée avec mon client lors du dernier entretien de la mission.

Être coaché parce que je le veux bien et que je le vaux bien.

Parfois, lors d'un entretien préalable, certains clients me posent encore la question formulée autrefois par les participants aux séminaires de formation : **« À votre avis, suis-je si mauvais en management pour que mon patron m'impose ce coaching ? ».** Ma réponse habituelle est la suivante : « À moins que votre patron ne soit spécialement pervers, ce coaching est bien au contraire la meilleure preuve de confiance qu'il puisse vous apporter. L'entreprise investit sur le développement de vos compétences. C'est donc une excellente nouvelle pour vous ! ».

COMMENT CHOISIR SON COACH ?

Après une énième conférence de présentation du coaching, Capitaine s'est décidé à faire le grand saut : trouver un coach ! Il demande à l'un de ses amis, patron de PME comme lui, de lui donner le numéro de téléphone de son coach. Capitaine le reçoit dans son bureau directorial et la conversation s'engage. Le coach est un professionnel qui a créé son propre cabinet avec quelques associés. Très vite, chacun se rend compte que leur vision de la vie professionnelle est très proche et leurs modes de fonctionnement assez semblables. Volonté, ambition, énergie à revendre, goût du pouvoir, revanche personnelle à prendre sur la vie les caractérisent bien tous les deux. L'affaire est conclue et le coaching s'engage. Six mois plus tard, Capitaine rencontre son ami dans une soirée et lui apprend qu'il a mis fin au contrat avec son coach, extrêmement déçu par le peu de résultats obtenus. Capitaine en conclut qu'il n'est pas fait pour être coaché car son ami a, lui, changé en profondeur grâce à l'intervention de ce même coach.

Capitaine était demandeur, décideur et payeur. Il a fait intervenir un coach connu d'un ami et de bonne réputation dans la région. Malgré ces précautions, le coaching a échoué, notamment parce que la remise en cause des représentations de Capitaine s'est révélée insuffisante. Choisir son frère jumeau comme coach s'avère très risqué. Deux hypothèses concernent le coach. Soit celui-ci a identifié la difficulté mais est passé outre pour des raisons commerciales (Capitaine ayant beaucoup d'influence dans la région), soit il ne s'est pas rendu compte de la dérive possible, sans doute par manque de travail sur soi ou de formation insuffisante à la psychologie.

Il est aisé de trouver des noms de coachs : associations professionnelles, cabinets, indépendants, Internet, relations. D'ailleurs, la direction des ressources humaines a souvent déjà réalisé une première sélection.

Comme nous l'avons déjà développé (voir partie 1 chapitre « *la relation client-coach* »), la base du coaching est **la qualité de la relation client-coach**. Le premier critère de choix doit donc être l'envie réciproque de cheminer ensemble, l'acceptation mutuelle et la confiance. Celle-ci se construit certes avec le temps, mais elle doit se manifester dès l'entretien préalable. Ma recommandation est de privilégier cet aspect par rapport à d'autres points plus techniques, comme la formation du coach ou les méthodes qu'il utilise. Pour le coach, l'entretien préalable est également un entretien de vente. Au-delà des mots utilisés qui peuvent être standardisés et formatés pour convaincre, le client doit discerner la véritable épaisseur humaine de son coach potentiel. À ce stade, l'intuition du client et le non-verbal sont ses meilleurs indicateurs.

Faut-il choisir un coach du même sexe que soi ? Tout dépend du travail de transfert à réaliser par le client. Lors de l'entretien préalable, cette question peut être posée au coach qui devrait disposer des informations suffisantes pour exercer pertinemment son rôle de conseil.

✸

Personnellement, je recommande de consolider la recherche en vérifiant si le coach potentiel peut répondre positivement aux trois questions suivantes :

- **quelle expérience professionnelle avez-vous de la relation humaine et de la psychologie ?** Les réponses peuvent être diverses : responsabilité opérationnelle avec management d'équipes, conseil en ressources humaines, DRH, psychologue. Une expérience de consultant ou d'expert technique n'est pas suffisante. La maturité psychologique et l'âge du coach interviennent aussi dans sa capacité de compréhension de l'humain (minimum trente-trois ans ?).
- **quel travail de développement personnel avez-vous réalisé ?** Il ne s'agit pas d'avoir participé à quelques stages de développement personnel, même de qualité, mais bien d'avoir suivi une thérapie d'une durée minimale de deux ou trois ans. Peu importe la nature de la thérapie. Le coach peut ne pas donner de détails, le type de thérapie ou la durée. À la clarté de sa réponse, le client ressentira s'il a bien réalisé un travail personnel approfondi.

- **êtes-vous supervisé en ce moment ?** Le superviseur est le coach du coach. Ce point est indispensable et sera précisé ultérieurement (voir chapitre « *La supervision* »).

Les réponses à ces questions permettent au client d'objectiver son choix en lui offrant un minimum de garanties sur la qualité du coach : **connaissance de l'humain, connaissance de soi et dispositif de supervision.**

Pour les coachs psychologues de formation, il est utile de vérifier aussi leur **connaissance de l'entreprise** qui facilitera la prise en compte des éléments de contexte du client.

Une dernière précaution : **la déontologie** du coach garantit la confidentialité, le respect de la personne et la personnalisation de l'intervention. Ces règles sont en général rassemblées dans **une charte**. Cet aspect reste formel et devra bien entendu être vérifié par la pratique.

Le premier critère est l'envie réciproque de cheminer ensemble, l'acceptation mutuelle et la confiance. Puis viennent des critères plus objectifs par rapport au coach comme la connaissance de l'humain, la connaissance de soi et la supervision.

COMMENT DEVENIR COACH ?

Capitaine est un expert reconnu dans son domaine de compétence. À 45 ans, il a toujours brillamment réussi les missions confiées par ses patrons successifs. Le coaching étant porteur, Capitaine décide de devenir coach. Ses lectures et les quelques coachs avec lesquels il a travaillé l'ont convaincu qu'il pouvait également exercer ce métier. Rompu depuis l'adolescence à l'acquisition de savoirs techniques, Capitaine s'initie au coaching en participant à des ateliers de sensibilisation destinés aux managers de son entreprise. Sa rigueur et son sens commercial feront le reste.

Capitaine réussit ses premières missions. Comme il ne demande pas de feed-back à ses clients (voir partie 3 chapitre « Le retour d'image, les signes de reconnaissance, le feed-back »), il est convaincu de leur apporter une forte valeur ajoutée. Sa dernière mission s'est mal passée. Son client venait de subir un échec important. Capitaine a été choisi pour le remettre en selle. Selon sa propre expérience, Capitaine a la conviction que seuls les mauvais cavaliers tombent de cheval. Constatant les dégâts psychologiques sur le client, le DRH a pris l'initiative de suspendre la mission de Capitaine, sous le prétexte d'un changement d'organisation qui ne rendait plus le coaching nécessaire.

Chaque professionnel est convaincu que son métier est différent des autres et nécessite des compétences et des talents particuliers. Cette conviction est souvent exacte et présente l'avantage secondaire d'entretenir la motivation.

Capitaine a pris un raccourci qui fait courir des risques à ses clients et à lui-même. Par ignorance et par orgueil, il a cumulé les handicaps pour vraiment réussir dans ce métier : peu d'expérience humaine préalable, peu de sensibilité à la relation psychologique, peu de culture générale et d'esprit d'ouverture, absence de formation solide au coaching, pas de superviseur, *a fortiori* aucune thérapie personnelle. Le goût d'entreprendre, l'esprit rigoureux, des talents de vendeur ou la réussite dans un autre métier (même proche) ne sont pas suffisants pour devenir un coach professionnel.

Bien entendu, simplement pratiquer la méthode de coaching pour mieux communiquer ou enrichir son style de management afin d'aider ses collaborateurs à se développer ne nécessite pas d'acquérir toutes ces compétences.

Les écoles reconnues formant des coachs professionnels en entreprise articulent en général leur programme sur trois axes de compétences : la connaissance de soi (et des autres), la connaissance de la méthode de coaching (et de la psychologie) et la connaissance de l'entreprise (et de la relation commerciale).

En fonction de ses désirs, de sa sensibilité et de son expérience professionnelle antérieure, chacun peut choisir son parcours. La pratique du coaching est assez peu structurée. C'est un avantage qui nous protège des dérives tayloriennes ou instrumentales. Certains se forment à une technique particulière, comme l'analyse transactionnelle, la programmation neurolinguistique, la gestalt ou l'ennéagramme. Ils élargissent ensuite leur pratique au coaching. Cette formation donne une grille de lecture solide de la réalité et facilite l'accompagnement du changement. Le risque de cette approche est de se limiter à la logique de l'outil initial, comme un menuisier expert dans l'art de la varlope qui hésiterait à utiliser rabots, trusquins ou autres ébauchoirs mieux adaptés pourtant à certains travaux. Dans cet esprit, l'idéal serait de se former à plusieurs techniques en se gardant de la dispersion.

Le travail de recherche que le futur coach effectue sur soi est encore le meilleur fil conducteur pour l'aider à prendre conscience de ses besoins de formation. Il lui permet notamment d'identifier son projet de vie et son ambition, ses désirs et ses motivations, son ombre et ses blessures à soigner, et ainsi de mieux **comprendre pourquoi il veut être coach**.

*

Dans tous les cas de figure, devenir coach prend du temps, en travail et en délai.

D'une part, en plus de son métier actuel, devenir coach implique une **recherche et une réflexion constantes**. Le désir, la détermination et la vision de sa vie professionnelle future sont des guides efficaces pour rendre possibles les rencontres de coachs compétents et pédagogues, trouver les formations ou les livres pertinents pour soi et, au bon moment, passer à l'action.

D'autre part, le délai de maturation est également un facteur de réussite, quelle que soit la voie choisie. En effet, comme je l'ai montré déjà par plusieurs exemples, le coach est partie prenante de l'expérience de coaching. De ce fait, il conditionne fortement sa réussite. **Seule une maturité personnelle, acquise par un travail psychologique et un nombre d'années suffisant d'expérimentation sur soi, peut garantir à la fois le plaisir et la fiabilité de la relation avec le client.**

Après ce chapitre, le lecteur peut tirer ses propres conclusions.

Tout le monde peut-il devenir coach ? Oui, pour acquérir les techniques, les méthodes et les outils. Oui également pour développer les qualités personnelles nécessaires, après plusieurs années d'entraînement et de pratique avec supervision. Non, car tout le monde n'a pas le désir d'être coach, ni les talents. Or, comme souvent chacun aime faire ce qu'il fait bien, l'honnêteté intellectuelle et l'intérêt personnel se rejoignent pour qu'une personne choisisse d'être coach professionnel ou non.

Un coach est-il supérieur aux autres personnes non coach ? Devant la liste des compétences et des qualités nécessaires pour réussir en coaching professionnel, le coach débutant pourrait avoir la faiblesse de penser qu'il a rejoint un corps d'élite. Heureusement, la pratique vraie du coaching met très souvent le coach dans la position de ne pas savoir, de ne pas avoir la réponse, de se situer en relation d'aide au service et au rythme de son client (le chapitre « *Mon coach est-il un gourou ?* » approfondit ce point). Par ailleurs, la vie personnelle d'un certain nombre de coachs est souvent perturbée et ne représente pas toujours un exemple à suivre. Chaque métier est choisi aussi par son titulaire pour lui permettre de progresser dans la maîtrise de sa propre vie. C'est ma conviction et non une démonstration.

Devenir coach prend du temps, en travail et en délai, afin de mieux se connaître et comprendre les autres, affiner sa technique de coaching et sa connaissance de l'entreprise.

LA SUPERVISION

Capitaine vient de créer sa propre activité de coaching après avoir suivi l'enseignement d'une excellente école. Capitaine est brillant, rapide et manie le verbe avec éloquence. Dans la pratique du coaching, il ne comprend pas pourquoi il devrait s'encombrer, lui, d'un superviseur pour le coacher. Après tout, pense-t-il, le superviseur n'est utile que pour les coachs moyens, même si cette pensée n'est pas politiquement correcte. Par ailleurs, le superviseur étant rémunéré par le coach, Capitaine aimerait faire quelques économies.

Au cours d'une mission, il frôle la faute professionnelle et le drame humain en ne sachant pas identifier et traiter à temps un client fortement narcissique. Celui-ci, n'ayant pas supporté une remarque de Capitaine, résout de le manipuler afin de démontrer son incompétence. Capitaine ne doit son salut qu'à l'aide efficace d'un collègue qui lui propose de le superviser jusqu'au terme de cette mission.

Après avoir clairement identifié son orgueil et expérimenté les risques ainsi que les limites du métier, Capitaine choisit un superviseur, en sachant maintenant bien pourquoi.

Le superviseur est le coach du coach. Contrairement à l'opinion initiale de Capitaine, cette fonction est essentielle au développement de l'efficacité du coach mais aussi au maintien de son équilibre psychique. Le superviseur offre au coach sa compétence en coaching ainsi qu'un espace de transfert.

Le superviseur est donc, en général, lui-même un coach confirmé. Dans l'entraînement au coaching, le réflexe de la supervision doit être pris très tôt par le futur coach. Cette pratique régulière permet d'objectiver la méthode de coaching et de traiter en situation les processus psychologiques de transfert et de contre-transfert.

La supervision se déroule comme le coaching, en entretien face à face.

Elle est nécessaire :

- **pour aider un coach à maîtriser une problématique avec son client.** Dans ce cas, le transfert du client a sans doute activé une zone d'ombre du coach non encore suffisamment nettoyée. Cette supervision est ponctuelle et orientée principalement sur le traitement des « cas » apportés par le coach.
- **pour accompagner professionnellement un coach débutant** et l'aider à poursuivre sa formation. Ce type de supervision intervient surtout dans les cabinets de coaching.
- **pour accompagner un coach dans son développement personnel** et l'amélioration permanente de sa pratique.

Pour ces trois types de supervision, les équipes de coachs internes à une entreprise pratiquent une supervision mutuelle et collective, complétée éventuellement par le superviseur personnel de chaque coach.

La supervision permet aussi de traiter les questions déontologiques éventuelles.

✸

En école de coaching, nous sensibilisons les apprentis coachs à l'importance de la supervision, dès le premier module. Par ailleurs, la plupart des entraînements se pratiquent à trois, client – coach – observateur, ce qui permet de rassembler des matériaux bruts utilisables en supervision.

Le superviseur est le coach du coach. Cette fonction est essentielle au développement de l'efficacité du coach mais aussi au maintien de son équilibre psychique.

LA DÉONTOLOGIE

Bien que réussissant dans son nouveau métier de coach, Capitaine conserve la nostalgie de l'exercice du pouvoir direct et de la complicité avec les autres dirigeants. Au cours du coaching d'un directeur opérationnel, le directeur général demande à Capitaine des informations sur le comportement de son client. Le prétexte invoqué est de l'aider à réussir sa mission. Après quelques hésitations, Capitaine donne des exemples de dysfonctionnements signalés en séance par son client. À la séance suivante, le client exprime à Capitaine sa surprise d'avoir retrouvé dans la bouche de son patron les situations qu'ils travaillent ensemble en coaching. À juste titre la confiance est rompue. Capitaine se prépare à des jours difficiles. Le client ne coopère plus. Le directeur général ne pardonne pas à Capitaine la dégradation de l'attitude de son collaborateur, preuve de l'échec de sa mission.

Capitaine n'a pas respecté ***l'un des socles de la déontologie du coach : la confidentialité****.*

La déontologie est l'ensemble des règles professionnelles. Le coaching comporte trois règles déontologiques majeures.

La première règle consiste à ce que le coach se sente apte à coacher, en général et à l'instant de la séance. Il s'agit pour le coach d'avoir le plus clairement conscience de ses limites. Par exemple, un coach non psychologue limitera ses incursions dans la sphère psychologique personnelle de son client. Un coach débutant sera supervisé de près. Un coach confirmé continuera sa recherche, y compris par la transmission de ses connaissances. La priorité de tout coach sera aussi d'être en forme afin de donner le meilleur de lui-même à chaque séance.

La deuxième règle est d'avoir intégré au plus profond de soi l'essence du coaching : aider son client à trouver ses propres réponses. Les qualités à développer sont bien l'humilité et le discernement afin d'arrêter de vouloir aider tout le monde dans n'importe quelle situation. Pour éviter le syndrome de toute puissance et l'illusion d'avoir réponse à tout, le coach doit chercher en permanence à équilibrer la relation avec son client.

La troisième règle est de respecter les pratiques efficaces des meilleurs professionnels du coaching, à savoir :

- l'établissement et le respect d'un contrat écrit (voir chapitre suivant) ;
- le respect de la confidentialité pour ce qui concerne le client ;
- le respect du client, de sa personne, de ses valeurs, de ses choix ;
- le respect de l'entreprise, notamment par rapport aux engagements de moyens du coach ;
- le respect de la finalité du coaching : développer l'autonomie du client en lui laissant du contre-pouvoir et du champ pour sa conscience ;
- le respect des valeurs du coach : être capable de refuser un contrat si l'éthique de l'entreprise et celle du client ne lui correspondent pas ;
- le respect de la qualité de la prestation, notamment par la supervision, le choix conscient du lieu de coaching et l'application des deux premières règles.

✸

Quand le DRH ou le patron de mon client me demandent comment le coaching se déroule, je donne une réponse générale et les renvoie vers la communication directe avec leur collaborateur. Par ailleurs, je conseille à mon client d'informer lui-même sa hiérarchie, ce point faisant souvent partie des progrès qu'il doit réaliser.

Pour les cas difficiles, cette position déontologique n'exclut pas une action conjointe du coach, du patron et du DRH, en toute transparence.

La déontologie

LE CONTRAT DE COACHING

Capitaine est un coach pertinent dans ses diagnostics et compétent dans ses méthodes d'accompagnement. Ses clients sont en général très satisfaits de ses interventions et impressionnés par son aisance relationnelle. Il a pourtant un défaut : il ne supporte pas la paperasse ! Il limite donc ses écrits au bon de commande réclamé par la direction des achats pour lui régler ses factures.

Le marché se développant, les demandes de coaching deviennent plus pointues. En l'absence de contrat, avec l'entreprise et avec le client, les litiges se multiplient. Un client transforme la mission de Capitaine, à l'insu de l'entreprise. Un autre est frustré car il attendait autre chose de la part de son coach. Un patron remet en cause l'intervention de Capitaine car son collaborateur n'accepte plus son autorité. Un DRH prend ombrage des propos de Capitaine sur le climat social de l'entreprise rapportés par ses clients.

Heureusement pour lui et pour ses clients, Capitaine est supervisé. Au détour d'une phrase, il parle de ses difficultés. Son superviseur en profite pour le recadrer sur l'importance du contrat de coaching et sur la nécessité d'en établir un. Capitaine écoute les conseils de son superviseur.

Dans les faits, il existe deux contrats.

Le contrat commercial

Le contrat commercial est établi entre le prescripteur-payeur du coaching (le DRH, le hiérarchique ou le client lui-même), le client et le coach (ou son cabinet) à l'issue de l'entretien préalable entre le client et le coach. Ce contrat est écrit, communiqué aux trois parties et comporte en général les points suivants :

- **les objectifs du coaching** représentent le contrat de changement du client. Ils sont rédigés à partir de l'expression de sa demande en des termes respectant la confidentialité des échanges entre lui et son coach.
- **le déroulement du coaching** précise la durée des séances (entre une à trois heures), le nombre de séances (variable selon les objectifs à atteindre, en moyenne de 5 à 12 séances), la durée de la mission (les séances peuvent être espacées de deux à six semaines) et le déroulement des séances (décrit dans le chapitre suivant).
- **la déontologie,** la pratique du coaching appliquée par le coach, son CV ainsi que ses références sont indiqués en synthèse. Souvent, ces informations ont déjà fait l'objet de communications antérieures écrites ou orales afin de faciliter la démarche commerciale et le référencement éventuel.
- **les modalités pratiques** complètent ce contrat, précisant le lieu des séances de coaching, le délai de réalisation, le budget et les conditions de règlement.

Le contrat d'alliance

Le contrat d'alliance entre le client et le coach est établi oralement au cours de la première séance de coaching. Ce contrat reste confidentiel. Bien entendu, il s'appuie sur les objectifs du contrat commercial. Le client a la responsabilité des objectifs du coaching, des décisions d'action, de leur réalisation et de son implication pendant la mission. Le coach est responsable du processus de coaching, du rôle que lui demande de jouer le client et qu'il a accepté de jouer pour l'aider à atteindre le résultat. Les rôles les plus fréquents sont ceux de miroir, d'écoute empathique, de réassurance, d'aide à la recherche de solution ou de conseil. Ce contrat doit être clair, précis et mis à jour lors de chaque séance afin de nettoyer au moment opportun les incompréhensions et les frustrations éventuelles.

*

Dans ma pratique de coach, **je privilégie le contrat d'alliance.** Pour l'établir avec mon client, je m'appuie sur les questions suivantes : « Quels résultats souhaitez-vous atteindre à l'issue de nos séances ? Qu'attendez-vous de moi, en quoi puis-je vous aider à les atteindre ? Y a-t-il des points que vous souhaitez ne pas aborder ? Quels engagements personnels êtes-vous prêt à prendre ? »

Dans ma pratique de coach, je privilégie le contrat d'alliance.

À chaque séance, je vérifie l'évolution du contrat d'alliance : « Quel est le sujet de l'entretien ? Son objectif ? Quelles sont vos questions ? Qu'attendez-vous de moi ? En quoi puis-je vous aider dans le cadre de vos questions ? » Je termine chaque séance par d'autres questions : « Avez-vous reçu les réponses à vos questions ? Savez-vous quoi faire à partir de maintenant ? Où en êtes-vous dans votre progression ? En quoi vous ai-je aidé ? Comment aurais-je pu vous aider davantage ? »

Afin de renforcer ce contrat d'alliance, et cela dès la première séance, je demande à mon client de **vérifier son propre contrat avec son patron**, ce que celui-ci attend du coaching de son collaborateur, par quels critères de mesure il appréciera les progrès du client et comment ils communiqueront sur le sujet.

L'ENTRETIEN DE COACHING

Capitaine est devenu coach interne dans une grande entreprise. Il est souvent sollicité par les managers pour ses talents. Il est toujours brillant, bien en phase avec la culture de l'entreprise. Pour gagner du temps, les entretiens de coaching vont très vite à l'essentiel des problèmes apportés par les managers. Pour Capitaine, un entretien de 30 minutes est déjà long. Certains se déroulent même au restaurant d'entreprise, dans le taxi ou pour occuper les temps d'attente dans les aéroports. Bien qu'il soit disponible et compétent, Capitaine s'épuise. Son patron constate également une diminution des résultats opérationnels des managers coachés par lui. Si le business est touché, la situation devient grave. Capitaine est convoqué par son patron pour donner des explications. Malgré une analyse approfondie de sa pratique, Capitaine ne voit pas comment il pourrait être plus efficace dans son coaching.

Outre un défaut de supervision, Capitaine n'a respecté ni l'esprit ni la lettre des principes indispensables à **la réussite des entretiens de coaching** (ce chapitre vient compléter celui de la partie 1 « *La relation client-coach* »).

Comme dans le théâtre antique, l'entretien de coaching représente l'espace-temps où la relation entre les deux acteurs se déploie : **unité de lieu, unité de temps, unité d'action**. Le lieu est le symbole d'un engagement réciproque de réussite. Il est protégé de la « réalité » extérieure. Le temps est prévu, borné, investi par les projections et les transferts du client. Comme en psychanalyse, l'attente de la prochaine séance déclenche déjà pour le client un travail sur soi. En séance, le temps est géré par le coach qui en décharge donc son client. L'action commune vise un objectif unique : répondre ensemble aux questionnements du client en appliquant les règles prévues par le contrat.

L'entretien de coaching, espace-temps de la relation privilégiée client-coach, doit donc être sacré, au sens premier du terme : **être distinct**

de la vie profane ordinaire. C'est le moment où le coach donne le meilleur de lui-même, applique ses méthodes et ses outils avec professionnalisme et engagement. C'est le moment où le client ne se préoccupe que de lui-même, non par égocentrisme, mais parce qu'il est le sujet même de l'entretien de coaching, avec ses questions, ses doutes, sa fragilité, ses projets, ses rêves, ses désirs et son énergie.

L'originalité de l'entretien de coaching est qu'il porte à la fois sur **le fond** (la problématique à résoudre) et sur **la forme** (le ressenti et le comportement de chacun pendant l'entretien). Le déroulement de l'entretien ne peut pas être modélisé car il suit son propre rythme et celui des personnes. Le coach articule l'entretien autour d'une question personnelle : « comment, en tant que coach, mon questionnement et ma façon d'être peuvent-ils aider mon client à se développer et à évoluer vers une plus grande autonomie ? ». Le client ne doit avoir qu'une seule préoccupation : « comment puis-je profiter au maximum du cadeau que je me fais ? »

Cependant, l'entretien de coaching ne s'improvise pas. C'est un entretien structuré qui fait appel à des méthodes (celles du coach professionnel développées dans les autres chapitres) et respecte les étapes suivantes :

1. **le démarrage** : se synchroniser et cadrer l'entretien. Il s'agit pour le coach d'accueillir son client, d'identifier son contexte factuel et émotionnel, de fixer ou de rappeler le cadre et la durée de l'entretien. Le client doit quitter ses autres préoccupations et se rendre totalement disponible.
2. **le contenu** : définir les objectifs concrets de l'entretien et les traiter. Le coach clarifie le type d'aide qu'il peut apporter à son client pour atteindre ses objectifs. Le client cherche à être le plus sincère possible, notamment vis-à-vis de lui-même.
3. **la conclusion** : vérifier la satisfaction réciproque, définir les engagements et construire le plan d'action à mettre en œuvre avant le prochain entretien. Donner du feed-back réciproque, s'assurer de la validité des engagements pris et fixer rendez-vous pour l'entretien suivant.

Comme dans le théâtre antique, l'entretien de coaching représente l'espace-temps où la relation entre les deux acteurs se déploie : unité de lieu, unité de temps, unité d'action.

*

Personnellement, je vis l'entretien de coaching comme **un moment de ressourcement vital. Pour mon client d'abord**. En général, celui-ci arrive avec un large sourire, déjà heureux à l'idée de partager des instants de nettoyage et de construction. Pendant l'entretien, l'intensité et la fluidité des échanges à propos d'un sujet qui le concerne au premier degré, c'est-à-dire lui-même, lui apportent beaucoup d'énergie. À la fin de l'entretien, la satisfaction d'avoir pris conscience de grandes ou petites choses lui fait envisager le retour à la vie « profane » avec davantage de légèreté.

Pour moi ensuite. Il est sans doute paradoxal de se ressourcer en travaillant. Effectivement, je sors parfois épuisé de certains entretiens difficiles qui n'aboutissent pas aux résultats escomptés. Si je suis honnête avec moi-même, je sais bien quelle est ma part de responsabilité dans ce cas : une fatigue préalable, une limite technique ou un manque de présence et de discernement. Heureusement, cette situation est épisodique et me permet d'apprécier d'autant plus l'énergie dégagée par la sensation de justesse et de précision horlogère dans le partage d'un diagnostic ou l'élaboration d'actions ciblées.

Le feed-back du client, y compris pour signaler un progrès que je peux réaliser, est également une nourriture authentique très enrichissante.

DIFFÉRENCES AVEC LES MÉTIERS PROCHES

Le métier de coach s'exerce sous différentes formes :

Le coach indépendant ou en cabinet, qui accompagne un client, dirigeant, cadre ou particulier, afin de l'aider à développer son autonomie et résoudre une situation spécifique : nouvelles responsabilités, difficultés de communication, mutation professionnelle,...

Le coach interne à une entreprise, salarié de l'entreprise, qui mène ses actions de coaching auprès des responsables de l'entreprise.

Ces deux formes du métier s'appliquent également **au coaching d'équipe et au coaching d'une organisation**, avec globalement les mêmes méthodes, le client n'étant plus alors une personne mais une équipe ou une activité.

Le terme coaching est utilisé par plusieurs corps de métiers différents pour des raisons commerciales ou de recherche de pouvoir, compte tenu de la notoriété du coaching. Comprendre le coaching, c'est donc aussi percevoir avec précision les différences avec les métiers proches.

Le formateur transmet des savoirs et des connaissances. Il propose aussi un espace d'apprentissage pour se les approprier en dehors de la situation réelle. Une formation individuelle reste de la formation, même si le terme coaching est utilisé. Par contre, **le coach** aide son client à trouver lui-même les réponses à partir de ses compétences et de son niveau actuel de compréhension et de développement. Le coaching est un accompagnement en situation naturelle.

Le consultant ou l'expert d'une technique apporte des solutions et fait des recommandations pour traiter une problématique. Quand un cabinet de conseil intègre dans sa démarche une approche plus personnalisée qu'il nomme coaching, cette activité n'est pas du coaching mais reste une forme personnalisée du conseil. **Le coach** est l'expert de la méthode de coaching et de la compréhension du fonctionnement de l'humain.

Le manager ou l'entraîneur est responsable des résultats opérationnels de l'équipe. Il donne des orientations et des instructions à ses collaborateurs ou à ses équipiers, afin d'atteindre ces résultats dans les meilleures conditions. Un chef reste un chef même s'il enrichit sa pratique managériale par le style de management de coaching. **Le coach** est responsable du processus de coaching proposé à son client et de la qualité de la relation. Le client est responsable des actions et des changements engagés lors du coaching. Un coaching est réussi quand le client s'approprie les résultats, voire lorsqu'il rejette son coach.

Le thérapeute aide son patient à comprendre les causes de ses difficultés, à éclairer son passé, à répondre à la question : pourquoi ? **Le coach** conduit son client à comprendre ce qu'il ressent au moment présent et à répondre à la question : comment faire pour trouver la solution à l'avenir ? La différence pratique entre ces deux approches tient à la durée : une intervention de coaching est beaucoup plus courte qu'une thérapie. Elle tient aussi à la formation et à l'expérience du coach. Le coach de formation psychanalytique s'autorisera plus volontiers, au bénéfice de son client, des ouvertures vers la recherche des causes que le coach d'origine managériale. Enfin, l'entreprise n'est pas le lieu de la thérapie, même si certains DRH ou dirigeants en font parfois implicitement la demande pour des collaborateurs à la personnalité difficile.

LES TYPES DE COACHS

Capitaine devient maître praticien en PNL (Programmation NeuroLinguistique). Les premiers temps, il obtient de bons résultats en coachant ses clients car il maîtrise bien la PNL. Mais lors d'un coaching pour aider un client à sortir d'un conflit interpersonnel, il se laisse manipuler par les efforts de séduction de son client. Il prend son parti vis-à-vis de ses collègues, sortant ainsi de son rôle de coach. La mission est un échec, le client n'évolue pas et Capitaine gâte sa bonne réputation.

Capitaine est tombé dans le piège tendu par la personnalité sociopathe de son client. Le sociopathe transgresse les droits d'autrui, ne culpabilise pas, est prêt à tout pour obtenir ce qu'il veut. Le sociopathe n'est pas facile à identifier car il est très habile dans l'art de convaincre et de séduire.

Capitaine a commis l'erreur de croire que la maîtrise d'une approche psychologique était un sésame suffisant pour exercer le coaching en professionnel.

Il existe autant de types de coachs que de coachs, mais il est toutefois possible de **dégager une typologie** selon différents critères, dont voici les principaux :

- **le métier d'origine du coach**. Il donne une couleur particulière à sa pratique. D'un côté, ce métier est une compétence supplémentaire, un atout déjà bien maîtrisé à sa disposition. D'un autre côté, il y a risque de pollution inconsciente du coaching par le métier d'origine. Par exemple, un formateur devenu coach est maître en pédagogie et en création d'espaces d'apprentissage conviviaux. Son risque est d'être trop proche de son client et de limiter ainsi les occasions de transfert. Un psychiatre devenu coach maîtrise bien les processus psychologiques de son client et peut ainsi mieux le guider pour comprendre ses modes de fonctionnement. Mais son risque est de trop se centrer sur le fonctionnement intime de son client au détriment des aspects opérationnels de la mission.

- **les outils utilisés.** Les consultants en ressources humaines et en management utilisent des **outils de diagnostic déduits des théories de la personnalité ou d'approches psychologiques**. Citons les principales, dans l'ordre alphabétique : analyse transactionnelle, bioénergie, ennéagramme, gestalt, morphopsychologie, MBTI (*Myers Briggs Type Indicator*), PCM (*Process Communication Management*), PNL (Programmation NeuroLinguistique), psychanalyse, systémique, TMS (*Team Management System*). Ces théories constituent en général d'excellents supports de diagnostic et des référentiels structurés à la disposition du coach (les risques de ces grilles de lecture ont déjà été signalés dans le chapitre « *Comment devenir coach ?* »).

  Certains coachs, issus du monde sportif ou fortement influencés par la pédagogie du sport, appliquent la théorie psychologique du **joueur intérieur inventée par Timothy GALLWEY**. Celui-ci a vulgarisé son approche par deux livres sur le tennis et le golf : *The Inner Game of Tennis / Golf*, le tennis et le golf du point de vue du joueur (voir bibliographie). Le mot « *inner* » fait référence au point de vue interne, à l'état intime du joueur, à l'adversaire qu'on porte en soi et qui est bien plus redoutable que celui qui nous donne la réplique derrière le filet. Si le coach parvient à amener le joueur à lever ou contrôler les obstacles intérieurs qui l'empêchent d'atteindre son niveau optimum de performance, son potentiel naturel se manifestera sans qu'il ait besoin d'un apport technique massif de l'extérieur. GALLWEY a mis le doigt sur l'essence du coaching. **Le but de l'entraînement est de libérer le potentiel du joueur pour le porter à son niveau de performance optimal**. Il s'agit de lui apprendre à apprendre par lui-même le meilleur geste technique plutôt que de lui inculquer un savoir extérieur qui ne lui correspond que partiellement.

La technique du joueur intérieur permet de surmonter les obstacles intérieurs empêchant le client de changer, d'apaiser ses doutes personnels et d'apprendre à se faire confiance.

- **l'interventionnisme ou le non interventionnisme.** Ils constituent deux dimensions très structurantes et polémiques du métier. Le coach interventionniste considère qu'il est préférable de conseiller son client afin de lui apporter dans tous les cas une solution à son problème. Il prend ainsi le risque de retarder la prise d'autonomie de ce dernier. Le coach non interventionniste applique la méthode de coaching telle quelle est proposée dans ce livre. À titre exceptionnel et en toute transparence avec son client, il peut aussi lui apporter un conseil, notamment pour débloquer une situation difficile ou en cas d'urgence.

Il n'y a pas de bon ou de mauvais type de coach. La qualité d'un coach dépend d'abord de sa qualité humaine et du travail permanent qu'il réalise sur lui-même.

*

Selon moi, il n'y a pas de bon ou de mauvais type de coach. La qualité d'un coach dépend d'abord de sa qualité humaine et du travail permanent qu'il réalise sur lui-même. Pour devenir professionnel, il est indispensable qu'il maîtrise la méthode du coaching et quelques outils de base (comme je l'ai développé notamment dans les deux chapitres « *Comment choisir son coach ?* » et « *Comment devenir coach ?* »).

Chaque coach appartient à un type qui est d'abord fonction de son histoire personnelle, de son caractère et de son expérience professionnelle. Il existe de très bons coachs dans chaque type. Et de très dangereux. Dans le sens positif de l'expression, le coaching est une auberge espagnole pour un coach : **chacun y trouve d'abord ce qu'il apporte**.

MON COACH EST-IL UN GOUROU ?

Capitaine est un coach qui aime le pouvoir. Sa capacité de séduction est forte. Son cabinet attire des coachs cherchant à admirer un père brillant intellectuellement. Le culte de Capitaine se construit en interne et dans les médias spécialisés en management. Certains clients suivent son enseignement avec enthousiasme. D'autres pas. Il est adoré ou détesté. Il existe le clan des « pour Capitaine » et celui des « contre Capitaine ». Il est devenu le gourou du coaching.

Par ailleurs, le turn-over des coachs est élevé dans son cabinet. L'image du coaching que lui véhicule est très puissante à la fois en lumière et en ombre. Coach et gourou sont-ils compatibles ?

Le cœur de la méthode de coaching protège le client de toute velléité du coach de s'ériger en gourou, au sens occidental du terme. Le coaching est même le métier où il est le plus difficile de devenir gourou. En effet, le coach doit chercher en permanence à équilibrer la relation avec son client, à lui redonner du pouvoir, à gérer le transfert et le renvoyer à ses propres réponses. Un consultant, un expert ou un formateur peuvent être perçus plus facilement par leurs clients comme des gourous, en raison de leur expertise et du déséquilibre de la relation. Pas un coach. Sauf s'il est un manipulateur.

Le coaching se rapproche du sens oriental de gourou. Dans l'hindouisme, le gourou est un maître spirituel accompagnant ses disciples sur leur parcours initiatique. Le gourou ne transmet pas de connaissance. La présence rassurante du gourou, le processus initiatique d'apprentissage ainsi que l'ardeur au travail du disciple lui révèlent son propre chemin de libération intérieure. Le gourou joue aussi le rôle de miroir pour le disciple. Il lui renvoie l'image de ses croyances et lui permet de prendre de la distance par rapport à la perception de sa réalité, tout comme le coach.

Par ailleurs, l'un des besoins des managers est souvent de retrouver du sens à leur action. S'ils sont perturbés par les excès destructeurs du libéralisme et les pratiques délinquantes de certains responsables, le coach peut alors orienter ses clients vers un questionnement spirituel salutaire.

*

La première fois qu'un DRH m'a demandé mon avis sur le côté gourou des coachs, ma surprise ne m'a pas permis de répondre instantanément. Ensuite, j'ai compris le sens de sa question. Certains coachs extravertis et brillants peuvent avoir tendance à occuper les médias ou exercer une forte influence auprès des directions d'entreprise en diffusant leur idéologie personnelle. Le risque pour les entreprises est alors de subir l'influence de ces coachs avec peu de moyens pour elles d'exercer un contre-pouvoir. D'où la crainte du DRH.

Certaines sectes peuvent également utiliser le coaching pour développer leur territoire.

Le coaching est bien le métier où il est le plus difficile de devenir gourou. Sauf si le coach est un manipulateur.

LE COACHING INTERNE

Ami du DRH, Capitaine saisit l'occasion d'un changement radical de politique sociale de son entreprise pour créer le premier service de coaching interne. Son équipe comprend maintenant cinq coachs, tous issus de l'entreprise. L'équipe est reconnue pour sa disponibilité et son impact sur les résultats des secteurs où elle intervient.

Le coaching interne devient un instrument de pouvoir. Un manager en disgrâce cherche à être coaché pour se protéger. Un patron propose un coaching d'équipe pour développer son territoire. Capitaine fait l'objet de pressions, bien sûr amicales, pour orienter les interventions de son équipe de coachs. Chaque année, Capitaine change de rattachement hiérarchique pour des raisons rationnelles de réorganisation globale : de la DRH à la DG, puis à la formation et au développement professionnel, enfin au développement des ventes.

Après cinq années d'expérience passionnante, Capitaine transmet son poste à son successeur pour se remettre à son compte et voguer vers d'autres horizons où souffle le vent de la liberté : l'indépendance professionnelle dans l'interdépendance humaine.

Les deux formes de pratique du coaching les plus connues sont le coach externe à une entreprise et le manager pratiquant le coaching avec ses collaborateurs (cette dernière forme est développée dans la partie 3 de ce livre. La partie 2, « *Coach : un vrai métier* », s'applique principalement à celui de coach externe).

Dès le début du développement du coaching, certaines grandes entreprises ont perçu tout l'intérêt pour elles de créer des services de coaching interne. Globalement, les méthodes utilisées, les compétences nécessaires et la déontologie sont les mêmes que celles des coachs externes. **Seuls changent les objectifs.** Bien entendu, le coaching d'un manager par un coach interne développe d'abord son autonomie et l'entraîne aussi à trouver lui-même ses propres réponses. Mais l'entreprise s'intéresse surtout à **l'amélioration de la performance économique**. Le contrat de coaching porte donc le plus souvent sur l'atteinte des objectifs opérationnels des managers, sur le coaching de leurs équipes ou de leurs activités.

Les principaux avantages du coach interne sont sa disponibilité et sa présence dans la durée auprès de ses clients. Par ailleurs, l'équipe de coachs internes **fait évoluer la culture d'entreprise** vers une meilleure communication interpersonnelle ainsi que vers le développement de l'autonomie et de la responsabilisation du personnel. Les avantages annexes du coaching interne sont aussi :

- une diminution du coût des interventions de coaching, le coach interne étant un salarié ;
- la possibilité de construire un style spécifique de coaching, mieux adapté aux besoins de l'entreprise ;
- la promotion interne, car les coachs internes sont des responsables opérationnels ayant souhaité évoluer vers davantage de prise en compte des aspects humains ;
- la préparation pour certains d'une carrière de coach indépendant ;
- un avantage social pour le personnel, le recours au coaching en interne étant plus aisé à mettre en place qu'avec des coachs externes ;
- par rapport au coach externe, la force du coach interne est de bien connaître les règles du jeu de l'entreprise de son client puisque c'est la sienne. Sa limite est de les avoir trop intégrées et de manquer de recul.

La pratique du coach interne est plus délicate que celle du coach externe, bien que les fondamentaux du métier soient les mêmes. La **confidentialité** est bien entendu assurée, mais le salarié peut conserver une réserve qui limite l'impact du coaching, d'autant plus que les deux personnes se retrouveront ultérieurement à d'autres postes. Par ailleurs, après un coaching, le manager coaché peut rejeter le coach interne parce qu'il sait trop de choses sur lui. **L'espace-temps de transfert** offert par le coach interne risque aussi d'être insuffisant : trop forte proximité entre deux collègues, contrat de coaching moins rigoureux sous la pression de l'entreprise ou du client, lieu de coaching dans les locaux de l'entreprise, conflits d'intérêt possibles entre personnes ou services. Le coach interne d'un dirigeant peut être très vite considéré comme une **éminence grise ou un gourou**. Il risque également d'être **manipulé** ou utilisé pour d'autres raisons que le coaching.

Les principaux avantages du coach interne sont sa disponibilité et sa présence dans la durée auprès de ses clients. Sa force est de bien connaître les règles du jeu de l'entreprise de son client puisque c'est la sienne.

*

Ayant été **consultant interne en organisation** pendant cinq ans, après avoir exercé auparavant le même métier comme consultant externe, j'ai vécu directement les différences de pratique au quotidien entre les deux positions. Pourtant, il s'agissait bien du même métier avec les mêmes exigences, et de la même personne avec les mêmes compétences. Ce qui a changé, c'est d'abord **le regard des autres**. La crédibilité du consultant interne est moins forte puisque c'est un collègue et non un expert externe. Le choix des missions est plus laxiste puisqu'il n'y a pas de sortie d'argent. Le temps du consultant interne est moins respecté puisqu'il ne facture pas, sauf en monnaie de singe. Mon regard aussi avait sans doute évolué. La pression commerciale et l'impératif vital de réussir ses missions sont des facteurs de stress positif pour le consultant indépendant qui influent directement sur la qualité de ses prestations. Ce qui est vrai pour un consultant technique en organisation s'applique avec encore plus d'acuité pour un coach, en raison de l'objet de son intervention : l'être humain.

Dans les séminaires de formation des managers au coaching, je fais intervenir régulièrement des coachs internes. Leur apport professionnel, leur différence de pratique et leur personnalité originale sont toujours très appréciés des participants.

LE COACHING D'ÉQUIPE

Capitaine excelle en coaching de dirigeants. Suite à une réorganisation interne, l'un de ses clients lui propose de coacher son équipe de 15 personnes afin de la préparer à réussir la fusion avec une autre équipe de la même entreprise. Capitaine réussit à mener des entretiens individuels très riches et à formuler un diagnostic pertinent sur les dysfonctionnements de l'équipe. Mais le premier séminaire d'équipe qu'il anime ne se passe pas très bien. La dynamique ne s'enclenche pas. Malgré l'intervention d'un formateur de la DRH pour l'épauler, la réunion suivante produit peu de résultats concrets. Capitaine et son client décident d'annuler le coaching d'équipe.

En supervision, Capitaine prend conscience des spécificités et de la complexité du coaching d'équipe. Il n'est pas suffisant d'être un bon coach pour réussir à coacher une équipe. Son superviseur lui offre la synthèse suivante.

Les interventions de **construction et de cohésion d'équipe (team-building)** peuvent avoir différents objectifs : constituer plus rapidement une nouvelle équipe, permettre à ses membres de mieux se connaître, renforcer la communication et la cohésion, résoudre des conflits internes, préparer l'équipe à relever des défis majeurs ou construire une vision partagée. Ces interventions sont ponctuelles et souvent réalisées sous forme de séminaires, parfois précédés par une préparation et suivis par des piqûres de rappel. Un animateur extérieur à l'équipe peut être sollicité afin de piloter l'intervention, sans que ce point ne soit indispensable.

Le coaching d'équipe se distingue du team-building. Dans un **coaching d'équipe**, le coach accompagne l'équipe sur une période de plusieurs mois avec la finalité de l'aider à optimiser les processus et les modes de fonctionnement collectifs, à développer sa maturité et à accroître ses performances collectives. Certains objectifs peuvent être communs avec ceux du team-building (par exemple, la résolution de conflit ou la vision partagée). Si nécessaire, le coaching d'équipe peut également intégrer des actions de team-building dans son déroulement.

Pour l'essentiel, le coaching d'équipe fait appel aux attitudes et aux outils pratiqués en coaching individuel. Il s'en distingue par le sujet du coaching – l'équipe avec son existence autonome d'être collectif et sa complexité, l'interaction de chaque membre entre eux et avec la globalité de l'équipe – et par le mode opératoire.

La démarche de coaching d'équipe s'appuie à la fois sur des réunions spécifiques (hors de l'entreprise), sur les réunions de travail habituelles et sur des entretiens individuels entre le coach et chaque membre de l'équipe. **Un entretien préalable** avec le patron de l'équipe permet d'établir le contrat de coaching, définir les objectifs et préciser le rôle de chacun dans la démarche. Celle-ci comporte trois étapes :

- **le diagnostic** pour dimensionner les enjeux, comprendre la nature des difficultés à résoudre, définir et faire valider la démarche spécifique. Le diagnostic est aussi l'occasion de créer une connivence entre le coach et chaque membre de l'équipe.
- **le déroulement des actions de coaching d'équipe**. L'équipe confronte ses désirs de changement à la réalité quotidienne, évalue son degré de maturité, partage les profils de fonctionnement individuels et collectifs, et clarifie les missions. Chaque équipier s'entraîne à donner et recevoir du feed-back ainsi qu'à reconnaître le rôle de chacun.
- **le suivi**, notamment par des journées de rappel pour ancrer les changements dans la durée et communiquer avec les collaborateurs de chaque membre de l'équipe.

Le coaching d'équipe est très performant, notamment pour les équipes de direction et les équipes multiculturelles.

Bien entendu, en complément à ses talents de coach individuel, le coach d'équipe doit aussi disposer de compétences et maîtriser les méthodes d'animation de groupe.

À un moment donné, le manager peut également devenir le coach de son équipe, à l'image du coaching d'un collaborateur (voir partie 3).

Le coach accompagne l'équipe sur une période de plusieurs mois avec la finalité de l'aider à optimiser les processus et les modes de fonctionnement collectifs, à développer sa maturité et à accroître ses performances collectives.

✹

Les entraînements que je propose en coaching d'équipe concernent principalement les aspects suivants.

Réaliser le retour d'image des expressions individuelles des équipiers recueillies lors du diagnostic. Mesurer le degré de maturité de l'équipe. Changer les représentations anciennes de l'équipe, souvent cloisonnées et conflictuelles, en représentations de coopération vers un objectif commun. Développer les réflexes d'action concertée. Mettre en évidence les modes de fonctionnement et de communication ainsi que la complémentarité des talents. Élaborer et faire partager une vision : les perceptions, les contributions, les engagements. Améliorer le niveau de développement de l'équipe en répondant mieux à la fois aux besoins individuels et aux besoins collectifs, de management ou opérationnels.

En effet, l'équipe n'est pas seulement un lieu d'action. C'est un espace où chacun cherche des réponses à ses besoins : sécurité, appartenance, reconnaissance, réalisation de soi, quête de sens. C'est un lieu de constitution et d'affrontement de cadres de référence. C'est un espace de « sens » mais aussi un endroit de pouvoir où se mettent en place des jeux d'influence.

Le coaching d'équipe multiplie l'impact du coaching individuel. **Des opérations conjointes de coaching individuel et d'équipe peuvent être menées. Dans ce cas, il est préférable de faire appel à plusieurs coachs, de manière à bien différencier les espaces de transfert**.

LES RISQUES DU MÉTIER

Le métier de coach peut nous apparaître sans risque, dans l'absolu et par rapport à d'autres métiers. Le psychologue peut rencontrer des cas pathologiques graves menaçant sa propre vie ou celle de son patient. Le consultant peut handicaper fortement son client si ses recommandations s'avèrent non pertinentes. Le formateur peut transmettre des connaissances erronées ou obsolètes aux participants ou bien leur faire prendre des risques physiques non maîtrisés, notamment au cours des séminaires out-door. Le dirigeant et le manager sont responsables des résultats opérationnels et de la pérennité des emplois. **Le coach n'est responsable que de sa pratique du métier et de la méthode de coaching qu'il utilise.** S'il est un mauvais coach, c'est au client de s'en apercevoir par les questions qu'il doit poser lors du choix de son coach (voir chapitre « *Comment choisir son coach ?* ») ou par le suivi des changements réalisés. Le client est aussi responsable des décisions qu'il prend suite aux séances de coaching. Alors, sans risque le métier de coach ?

Le manque de compétences du coach fait d'abord courir des risques à ses clients. Perte de temps et d'argent. Objectifs opérationnels non atteints avec parfois des conséquences concrètes importantes. Par exemple, si un coaching de prise de fonction échoue, l'échec sera d'abord attribué au client. Celui-ci devra abandonner son poste. Par ailleurs, il risquera de rencontrer des difficultés pour retrouver une seconde chance, l'entreprise lui ayant déjà donné les moyens de réussir en le faisant bénéficier d'un coaching. Le mauvais coach risque aussi de maintenir le client dans l'illusion que le monde s'organise autour de lui si le travail de remise en cause est insuffisant.

Le manque de compétences du coach lui fait aussi prendre des risques personnels. Économiques tout d'abord. Le bouche à oreille négatif fonctionne très vite entre clients ou collègues. Le coach peut difficilement se protéger derrière ses méthodes puisque c'est surtout la qualité de sa présence, sa pratique du métier et les résultats obtenus par ses clients qui font la différence. Par ailleurs, le coaching risque de renforcer des traits de personnalité du coach, insuffisamment nettoyés.

Par exemple, **l'égocentrisme** : être celui qui aide à résoudre des situations difficiles. **Le voyeurisme** : regarder avec plaisir les problèmes du client. **L'irresponsabilité** : poser des questions n'implique pas forcément d'être concerné par la qualité des réponses. Malgré tout, la méthode de coaching, qui équilibre la relation, est un excellent pare-feu contre ces risques psychologiques.

✸

En école de coaching, les risques du métier sont présentés dès l'entretien de sélection des candidats afin de vérifier leur niveau de discernement et de les informer le mieux possible sur la réalité économique et psychologique. En fin de cursus, le dernier module est consacré à la mise en œuvre opérationnelle et l'accent est mis sur la maîtrise personnelle et les solutions envisagées afin de limiter ces risques.

Le manque de compétences du coach fait d'abord courir des risques à ses clients, mais lui fait aussi prendre des risques personnels.

CONCLUSION PARTIE 2

Les coachs, actuels ou futurs, ont intérêt à construire un métier reconnu et utile. Il ne s'agit pas d'élever des barrières à l'entrée de la profession ou d'inventer des rigidités administratives. Il nous paraît bien plus congruent et efficace d'appliquer la méthode de coaching afin de réguler et développer le métier :

- **quel problème doit-on résoudre ?** Renforcer la crédibilité du métier.
- **à quels besoins doit-on répondre ?** Favoriser la transparence sur les pratiques et la confiance dans les hommes, prouver les résultats concrets obtenus au bénéfice des clients et des entreprises.
- **quelles actions mener ?** Chaque coach ou chaque groupement de coachs est l'ambassadeur permanent de la profession et doit se montrer exemplaire en termes d'éthique, de valeurs et de congruence. Ce qui devrait exclure de fait les luttes intestines entre obédiences ou entre écoles de pensée. La méthode de coaching étant conceptuellement simple, son efficacité dépend de celui qui la met en œuvre. Si un doute subsiste sur la personne du coach ou sur la profession, c'est bien la pertinence même du coaching qui pourrait être remise en cause.

Pour les clients, si le coaching n'existait pas, sûr qu'il faudrait l'inventer. En effet, chaque client bénéficie d'un professionnel compétent, totalement disponible à des moments précis, afin de l'aider à identifier et mettre en œuvre les solutions les plus pertinentes pour résoudre ses propres difficultés. Et le plus souvent, la facture est envoyée à l'entreprise. Les deux principales limites à cette situation « idyllique » sont bien sûr le désir réel du client de changer et le manque éventuel de professionnalisme du coach.

Dans un nombre croissant d'entreprises, le coaching est utilisé comme un moyen d'accompagner et de fiabiliser le changement. Changement de culture, d'organisation ou de style de management. Les actions ciblées de coaching individuel et d'équipe subsistent mais la demande d'actions plus globales se renforce. **Les compétences et le champ d'intervention du coach s'élargissent donc de l'individu à l'équipe puis à l'entreprise.** Ce qui implique bien de sa part une formation et une remise en cause permanentes.

- III -
Manager et coach ?

Est-il souhaitable et possible d'être en même temps manager et coach ? Le défi pour le manager pratiquant le coaching est de transformer l'ambiguïté de la relation – le manager étant à la fois donneur d'ordres et ressource – en avantage dynamique pour accélérer la progression du collaborateur, de l'organisation et du manager, notamment dans sa capacité de remise en cause personnelle.

Le style coaching est un complément aux styles de management existants, orienté vers l'adaptation au changement et le développement de la maturité des collaborateurs. Le manager peut soit pratiquer le coaching lors d'entretiens clairement identifiés, soit au fil de ses actes de management quotidiens en transformant son attitude et son comportement.

Cette troisième partie présente le style de management spécifique au coaching, ainsi que les différentes stratégies de mise en œuvre du coaching dans l'entreprise.

Dans chaque chapitre, l'accent est mis sur la recherche de sécurité afin d'éviter les risques de manipulation inconsciente.

LE COACHING : UNE RÉPONSE CONVERGENTE

Le coaching est une mode : le grand public se l'approprie, la télévision s'en empare. Le mot est vendeur. Mon garagiste me dit faire du coaching quand il cherche à me fidéliser en conjuguant sa compétence technique, son efficacité commerciale et son sens de l'écoute. À l'extrême, aujourd'hui **tout professionnel doit se dire également coach afin de mieux séduire ses clients.**

Le coaching se développe fortement, et selon toute probabilité dans la durée, car il répond à des besoins convergents, que ce soit ceux des entreprises, des managers ou des particuliers :

l'exigence de résultats et de maîtrise des activités. Le droit à l'erreur s'amenuise avec l'augmentation de la pression des exigences souvent contradictoires imposées aux managers ou qu'ils s'imposent eux-mêmes. Satisfaire à la fois l'actionnaire, le client, le patron, le collaborateur et soi-même, dans une perspective de développement durable, peut être perçu comme un défi insurmontable par un nombre croissant de managers. C'est pour les relever avec succès qu'ils font appel à l'expérience d'un coach.

De même, les meilleures entreprises ont vite perçu le bénéfice qu'elles peuvent retirer en proposant un coaching à leurs collaborateurs. Une reconnaissance et une performance individuelle. Une culture d'entreprise tournée vers davantage de leadership et d'intelligence collective. Une tentative pour réconcilier les objectifs d'entreprise et les objectifs individuels.

l'accélération des progressions de carrière. La mode du jeunisme se conjuguant aux nouvelles technologies et au néolibéralisme crée de plus en plus souvent une situation inédite : **le manager est promu avant d'être prêt** à assumer pleinement ses nouvelles responsabilités. L'entreprise ne lui accorde plus suffisamment de temps pour se préparer, grandir et faire face seul. Il lui faut un interlocuteur pour l'enrichir, le relancer et lui faire prendre du recul. Il y a quinze ans, ce processus d'adaptation pouvait se faire naturellement. À l'heure actuelle, la vitesse peut entraîner des défaillances dues à l'environnement et non à la compétence ou à la personnalité du manager. **Le coaching est ainsi un accélérateur de maturité.**

la solitude accrue du manager. Les nouveaux outils de communication mal utilisés renforcent l'isolement. Par exemple, l'e-mail peut se substituer à l'entretien en face à face, même pour l'annonce d'un licenciement. Le modèle mécaniste et taylorien montre ses limites : centrage unique sur le rationnel, priorité au cerveau gauche, optique à court terme privilégiée. Le coach aide le manager à réinvestir ses relations personnelles, à donner priorité à l'humain, à se réapproprier les dimensions intuitive, affective et symbolique. Le coaching facilite ainsi le travail sur la recherche de sens, excellent remède au sentiment de solitude.

la recherche personnelle de bien-être au travail et d'équilibre de vie. La motivation actuelle du manager est de s'accomplir, de réussir sa vie, de ne pas passer à côté de l'expérience et de la réalisation de son œuvre, de sa « légende personnelle » chère à Paolo Coehlo. Cette évolution sociologique est profonde et durable. Le coaching y répond, au bénéfice du manager et de l'entreprise.

Le coaching répond aux besoins convergents des entreprises, des managers et des particuliers.

QUELLE IMPLANTATION DU COACHING DANS VOTRE ENTREPRISE ?

Capitaine vient d'être nommé directeur général d'une entreprise industrielle de 700 personnes. Coaché lui-même depuis plusieurs années et convaincu de la forte valeur ajoutée du coaching, il donne pour mission à son DRH d'implanter rapidement le coaching. Séminaires de sensibilisation et de formation, coaching individuel et d'équipe, recommandation forte du style de management coaching... Les actions se succèdent et le budget enfle jusqu'au jour où un débrayage de trois heures, auquel s'associe la maîtrise, stoppe le processus.

Entraîné par son enthousiasme, Capitaine a négligé la culture encore fortement hiérarchisée de sa nouvelle entreprise.

La mise en œuvre du coaching dans l'entreprise fait appel aux approches du conseil et de l'organisation : analyse de situation, définition et validation de la cible, mise en œuvre du changement, suivi et adaptation.

Le premier élément à vérifier est la culture de l'entreprise et sa perméabilité à l'implantation du coaching. Dans une **entreprise taylorienne**, centralisée et hiérarchique, il est préférable d'adopter une approche progressive : utiliser la méthode de coaching individuellement pour aider les collaborateurs à résoudre leurs problèmes techniques, sensibiliser la hiérarchie au travers de l'évolution de son propre comportement, diffuser une information sélectionnée sur le coaching. Dans une **entreprise formelle**, orientée sur les objectifs opérationnels et les compétences techniques, il est prudent de présenter la démarche à des petits groupes, puis de la tester sur des volontaires, enfin d'être exemplaire dans son comportement professionnel. Dans une **entreprise évoluée**, fonctionnant en projets, réseaux et processus, le développement des personnes fait partie des objectifs et l'introduction du coaching est largement facilitée.

Les objectifs relatifs au coaching sont en général assez clairement définis par l'entreprise :

- entraîner le plus grand nombre de personnes à la maîtrise de cette méthode de communication efficace ;
- développer la capacité de l'entreprise à piloter les interventions des coachs externes et internes ;
- compléter les compétences en management des responsables afin de mieux conduire le changement et d'accroître les performances.

Par ailleurs, l'impact du coaching dépasse les seules relations internes. Le changement d'état d'esprit du personnel bénéficie également aux relations commerciales et améliore notamment la capacité d'accueil et d'écoute.

Comment donc généraliser le coaching en entreprise ? Selon la culture de l'entreprise, les trajectoires de migration vers cette cible seront plus ou moins longues. Tout ou partie des actions suivantes peuvent être menés.

Commencer par **faire coacher les principaux dirigeants**, s'ils sont ouverts à la démarche. L'extension se fait par capillarité descendante. Suit la sensibilisation et la formation de l'encadrement par des séminaires regroupant soit des équipes naturelles, soit des niveaux homogènes de responsabilité.

Si la direction n'est pas favorable, **entraîner des petits groupes de volontaires** garants de la diffusion de la méthode. Par exemple, quelques cadres de la direction des ressources humaines ou de la direction de la qualité, puis un groupe de chefs de projet pour irriguer en transversal.

Le coaching peut commencer par être inscrit comme **thème complémentaire à celui des formations existantes** : management, développement personnel, leadership, communication, qualité, projet, team-building,... Constatant l'efficacité de la méthode, les participants complètent alors leur plan de formation de l'année suivante par le coaching.

La création d'une **équipe de coachs internes** est souvent déterminante pour accélérer l'implantation du coaching. Cette équipe est un levier d'action à la disposition de la direction pour inciter les responsables à pratiquer une communication vraie et efficace avec leurs collaborateurs.

La direction des ressources humaines peut alors **intégrer le coaching dans les principaux dispositifs de l'entreprise**. Par exemple : compléter les styles de management recommandés, enrichir les entretiens individuels de management, créer des sessions de formation au coaching dans l'université d'entreprise.

✷

Dans ma pratique, le coaching comporte aussi un aspect ludique très attractif en dynamique de groupe. Pour leur séminaire d'équipe annuel, certaines directions de PME choisissent le coaching comme thème d'approfondissement. C'est l'occasion pour elles de partager objectivement sur les modes de fonctionnement et d'élever le niveau de communication de l'équipe.

Comment donc généraliser le coaching en entreprise ? Selon la culture de l'entreprise, les trajectoires de migration vers cette cible seront plus ou moins longues...

LE STYLE COACHING

Directeur du marketing, Capitaine est reconnu pour sa grande compétence technique et pour son énergie entraînante. Ayant participé à un séminaire de coaching avec le comité de direction, il décide d'un jour à l'autre de changer son style de management. D'abord surprise puis intéressée par les efforts de Capitaine pour mieux écouter, son équipe lui demande rapidement d'abandonner son projet. En effet, Capitaine alternait, souvent dans un même mouvement, l'attitude d'écoute-questionnement et celle de donneur d'ordres péremptoires. Difficile à vivre pour son entourage !

Un manager pratiquant le style coaching se reconnaît d'abord au son de sa voix : il parle moins longtemps que son collaborateur – interlocuteur, son élocution est plus lente et sa voix plus douce. Toutefois, le style coaching ne se confond pas avec une douceur apparente ou une faible implication. Bien au contraire, ce style exige du manager à la fois une forte présence et une écoute empathique, à l'image de celles nécessaires à la réussite du coach professionnel. La rigueur et la détermination de ce type de manager se perçoivent dans son attitude, alliant la force intérieure personnelle et le respect du territoire de l'autre.

Pratiquer le style coaching en management, c'est utiliser au quotidien la méthode de coaching décrite dans la première partie du livre et adopter l'état d'esprit et l'attitude associés.

Il s'agit donc pour le manager d'équilibrer la relation avec son collaborateur, en lui redonnant du pouvoir et de la protection. Par exemple, face à une demande de décision du collaborateur, son patron peut l'amener à identifier quelle décision il prendrait lui-même, à valider avec lui s'il s'agit bien de la meilleure et pourquoi, et à l'autoriser à agir selon ses propres conclusions.

Pour être efficace, le style coaching implique bien de partager au préalable une culture permanente du progrès et d'accompagner les changements de comportement de manière à s'adapter aux exigences des fonctions ainsi qu'aux évolutions de l'entreprise.

Le style coaching est bien adapté aux situations où la priorité est de développer l'autonomie et la maturité des collaborateurs afin de les amener à trouver les solutions par eux-mêmes. Le management est situationnel et doit donc s'adapter aux degrés d'autonomie du collaborateur. Coacher s'avère inefficace s'il s'agit d'abord de diriger, de guider, d'encourager ou de déléguer. De même, un manager très directif ou privilégiant son expertise technique personnelle rencontrera des difficultés s'il cherche à pratiquer le style coaching en restant congruent.

Pratiquer le style coaching en management, c'est utiliser au quotidien la méthode de coaching. Il s'agit donc pour le manager d'équilibrer la relation avec son collaborateur, en lui redonnant du pouvoir et de la protection.

✸

À la sortie des séminaires, certains managers concluent : « le coaching, ce n'est pas pour moi ». Les raisons invoquées peuvent être l'âge et la maturité : « je ne me sens pas encore capable, je n'ai pas suffisamment d'expérience, je suis plus à l'aise dans ma technique que dans la relation ». Le temps devrait les aider à prendre confiance et à pratiquer le style coaching quand celui-ci est approprié. D'autres managers, souvent plus âgés, invoquent l'obstacle de leur forte personnalité, même s'ils ont bien perçu la valeur ajoutée du coaching par rapport aux autres styles de management : « je préfère mes méthodes, elles ont fait leurs preuves, laissons cela aux jeunes, je suis trop impatient pour écouter suffisamment longtemps ».

L'important pour le manager est d'avoir le choix. Afin de l'exercer avec pertinence, la formation ou la sensibilisation au coaching permettent aux managers de dépasser leurs *a priori* et de décider d'utiliser le style de management le plus efficace dans leur environnement du moment. Pour l'avenir, l'attitude ouverte et disponible expérimentée pendant le séminaire devrait les encourager à se reposer la question ultérieurement.

MANAGER ET COACH ?

Avec ses collègues managers, Capitaine se plaint régulièrement de l'inconséquence de la direction générale qui a décidé d'implanter le coaching dans l'entreprise : « C'est une véritable gageure. La direction nous demande de résoudre la quadrature du cercle. Je ne peux pas en même temps développer le business et faire du coaching. Mon patron coach ? Nous allons maintenant risquer d'être manipulés à chaque détour de phrase ! Où s'arrêteront-ils ? ».

Après ce verbatim sélectionné, **la question continue à se poser : est-il souhaitable et possible d'être en même temps manager et coach ?** Les pages précédentes montrent bien l'enrichissement apporté par la méthode de coaching dans la communication et la valeur ajoutée par le coach externe ou interne dans la conduite du changement. Par analogie, il est donc souhaitable que le manager puisse compléter ses styles de management par le coaching. D'autant plus que, grâce à la permanence de la relation avec son collaborateur, le manager peut suivre sa progression dans la durée.

Cependant, être manager et coach comporte une ambiguïté qui empêche le manager de disposer de la neutralité du coach professionnel offrant un espace de parole protégé. En effet, le manager cumule alors d'une part les rôles de coach, facilitateur et pédagogue qui accompagne. Et d'autre part ceux de patron, responsable hiérarchique, donneur d'ordres et évaluateur des performances qui dispense les sanctions positives et négatives.

La vigilance s'impose donc également au manager pour éviter la confusion dans ce double rôle, par exemple en se posant souvent la question : « Qui parle en ce moment ? Le chef donneur d'ordres ou le coach ? » Certains sujets ne peuvent pas être abordés en coaching par le manager : par exemple, la peur qu'il inspire ou le sentiment d'injustice devant la façon dont il traite son collaborateur (voir chapitre « *Pratiquer le coaching en toute sécurité* »).

Le manager peut sortir de cette ambiguïté en distinguant clairement deux situations :

- d'un côté, **l'utilisation de la méthode de coaching dans son management quotidien** afin d'améliorer l'efficacité de sa communication. Les seules limites sont alors celles de la méthode elle-même.
- de l'autre, **la pratique transparente d'entretiens de coaching** avec des collaborateurs volontaires (voir chapitre « *L'entretien de coaching* »). Deux différences essentielles avec les entretiens menés par un coach professionnel : l'objet de l'entretien est davantage orienté sur les questions opérationnelles et sa durée est plus courte, moins d'une heure en général.

*

Manager et coach ? Cette question est en fait résolue assez simplement par la plupart des participants aux séminaires, après trois jours d'entraînement. Chacun identifie son désir, sa motivation et son intérêt de pratiquer le coaching dans son management. Si cette énergie s'avère suffisante, les réponses techniques viendront d'elles-mêmes en fonction de la personnalité de chaque manager. L'important à ce stade est d'avoir clairement conscience des risques afin de les contourner en souplesse.

Être manager et coach comporte une ambiguïté qui empêche le manager de disposer de la neutralité du coach professionnel offrant un espace de parole protégé.

LE RETOUR D'IMAGE, LES SIGNES DE RECONNAISSANCE, LE FEED-BACK

Dans sa revue de management favorite, Capitaine a lu un dossier consacré au retour d'image, le feed-back des Anglo-Saxons : « la nourriture en retour ». Il a pris conscience de l'importance de la relation et de la reconnaissance donnée à ses collaborateurs. Il est aussi convaincu qu'il vaut mieux donner une information négative que pas d'information du tout. Capitaine a l'occasion de tester la méthode lors d'une erreur commise par son adjoint.

« Vous rendez-vous compte des conséquences de votre décision ? Mon avis est que vous devriez changer de procédure. Je peux vous indiquer ma méthode quand j'occupais votre poste. Heureusement que l'on se connaît depuis longtemps, sinon je serais inquiet pour vous. Je trouve quand même votre comportement un peu léger. J'espère que c'est la dernière fois que vous commettrez cette erreur. »

Habitué depuis longtemps au style de Capitaine, l'adjoint rejoint son bureau, résigné. Peut-être qu'un coaching pour Capitaine... ? Il se promet d'en parler à la DRH.

Le feed-back, ou retour d'image, est une information concernant la manière de faire ou le comportement d'un collaborateur, ayant pour but de renforcer ce comportement, de l'améliorer ou de le corriger.

Le feed-back ne consiste pas à donner son opinion sur les qualités de la personne. Il s'appuie sur l'observation des faits et non sur leur interprétation et donne aussi des indications sur les objectifs ou les conséquences. **Dire ce que l'on pense à ses collaborateurs est un des plus beaux cadeaux** que l'on puisse leur faire car cela leur permet d'ajuster leur comportement et leur action.

Le feed-back ne peut être ni une critique ni un jugement, car la dignité de la personne ne serait alors pas respectée. Par ailleurs, il est important d'être conscient des limites émotionnelles de la personne qui reçoit le feed-back.

L'un des moyens les plus simples et les plus efficaces pour donner du feed-back à son interlocuteur (et l'amener ainsi à modifier son comportement dans le sens souhaité), est le signe de reconnaissance. **Chaque être humain a un besoin fondamental d'être reconnu et stimulé. L'unité de stimulation est appelée un signe de reconnaissance ou *stroke*.** Les signes de reconnaissance peuvent être verbaux ou non-verbaux.

Les signes positifs véhiculent le message « Pour moi, tu es O.K. » qui entraîne généralement un sentiment agréable.

Les signes négatifs véhiculent le message « Pour moi, tu n'es pas O.K. » qui entraîne un sentiment désagréable.

Les signes conditionnels s'appliquent au comportement de la personne dans la situation actuelle. Par exemple, « j'aime / je n'aime pas le ton de ta voix, en ce moment ». Ce sont les seuls efficaces pour amener l'interlocuteur à identifier l'information transmise et à changer de comportement, s'il le décide.

Les signes inconditionnels sont relatifs à l'être. À la fin de la phrase, il est possible d'ajouter : toujours. Par exemple : « j'apprécie / je n'apprécie pas votre caractère ». Les signes inconditionnels négatifs sont inutiles ou dangereux pour la relation et la motivation car ils n'offrent pas de solution de progrès à l'interlocuteur.

L'esprit humain s'oriente plus spontanément vers la critique que vers les félicitations. Nous sommes davantage entraînés à identifier ce qui ne va pas qu'à prendre conscience de ce qui marche bien. Seuls nous intéressent les trains qui arrivent en retard. Les trains à l'heure représentent la norme de fonctionnement standard qui ne mérite même pas d'être soulignée.

Encore faut-il apprendre à donner ces signes de reconnaissance au bon moment, avec les mots justes, en étant soi-même sincère et congruent :

- **savoir féliciter ses collaborateurs**, et plus généralement ses interlocuteurs, facilite grandement les relations dans le sens du plaisir et de l'efficacité.
- **savoir distinguer merci et bravo** : remercier est la reconnaissance indispensable du travail accompli. Féliciter est la reconnaissance indispensable de la performance. **Remercier et féliciter sont deux facteurs essentiels de la motivation du collaborateur.**
- **savoir également indiquer les progrès à réaliser** améliore la productivité et la qualité, aide ses collaborateurs à évoluer et renforce donc leur motivation.

*

En séminaire, les participants s'entraînent à donner des signes de reconnaissance conditionnels négatifs, couramment appelés **critiques, reproches, points faibles ou autres remontrances** à partir de l'appropriation des **trois lois de l'entraîneur**. Je présente ces lois par l'exemple suivant.

Sandrine Testud, en Fed Cup de tennis, l'équivalent féminin de la Coupe Davis, a perdu le premier set. Elle est menée dans le second car elle se contente de jouer – bien – en fond de court mais ne monte pas suffisamment au filet. Changement de côté. Vous êtes Yannick Noah, entraîneur de Sandrine, vous avez 30 secondes pour inverser le sens du match. Que lui dites-vous ? Vous avez bien présent à l'esprit que Sandrine est une athlète de haut niveau, donc hypersensible, en compétition représentant son pays, menée au score et le sachant bien.

Les trois lois de l'entraîneur, *avec les mots de Yannick* :

1. Indiquez d'abord **les vrais points forts** du collaborateur, ceux auxquels vous pensez vraiment. Si vous ne pouvez pas en trouver, le problème se situe ailleurs.
   « Sandrine, bravo, tu fais jeu égal avec elle en fond de court. Tu lui as même marqué quelques superbes passing de revers. Continue ! ».
2. Puis, indiquez **les points de progrès**, signes de reconnaissance

négatifs conditionnels, sans aucune transition avec les points forts du genre : « mais, en revanche, par contre ». Remplacez la transition par un silence et une respiration. Il est également plus efficace de relier les points de progrès à un objectif concret à atteindre.
« Pour gagner le second set et gagner le match, il est essentiel que tu viennes conclure au filet comme tu l'as si bien fait lors de ton dernier match ».

3. Vous concluez par **vos encouragements au collaborateur**, par le rappel de ses victoires précédentes, par votre confiance dans ses capacités. Vous lui rappelez que vous êtes avec lui, sans condition.
« Sandrine, j'ai confiance en toi. Tu as déjà remporté deux matchs contre elle. Tu as les moyens de gagner. Je suis avec toi. Vas-y ! »

Cette méthode donne couramment de meilleurs résultats que celle-ci, heureusement très rarement utilisée par les entraîneurs et les managers : « Sandrine, tu es vraiment nulle, on dirait que tu as des semelles de plomb. Bouge-toi un peu. Si tu continues à jouer aussi mal, je suis certain que tu vas encore perdre » !

En coaching d'équipe, l'un des points majeurs de progrès de l'équipe est souvent de rétablir la communication à l'intérieur de l'équipe, une communication assainie et efficace. Il ne suffit pas de décider de le faire pour savoir le faire. D'ailleurs, dans la vie réelle nous osons rarement donner notre feed-back sur le comportement de quelqu'un de peur de le blesser ou qu'il réagisse négativement. Donc, souvent nous restons silencieux, remplissant ainsi notre trémie de grains de ressentiment, jusqu'à ce qu'elle se vide brutalement, parfois à notre insu, à un moment non choisi, avec des mots inappropriés aux conséquences souvent dévastatrices sur la relation. N'ayant jamais reçu de signes négatifs de notre part, notre interlocuteur ne sait pas qu'il doit modifier son comportement à notre égard. Il est surpris par notre intervention intempestive et considère, à juste titre, que nous avons un sale caractère. Cette situation alimente le climat malsain dans l'équipe et nourrit souvent de futurs conflits interpersonnels.

Afin d'améliorer la communication et le plaisir relationnel, j'entraîne les équipiers à oser exprimer leur feed-back aux autres équipiers, en face à face, en maîtrisant les risques émotionnels. J'ai nommé cet entraînement **l'exercice des cadeaux**.

Je mets en place cet exercice en général vers le milieu du séminaire, au moment où la confiance mutuelle est suffisante, quand l'équipe a déjà vécu plusieurs situations d'entraînement ou de partage de résultats de tests comportementaux. Le critère est que chaque équipier dispose de suffisamment d'informations réactualisées sur les autres.

Le feed-back, ou retour d'image, est une information concernant la manière de faire ou le comportement d'un collaborateur, ayant pour but de renforcer ce comportement, de l'améliorer ou de le corriger.

Les équipiers s'assoient en cercle. À son tour, chacun se lève, se place successivement en face de chaque personne et reste debout à environ un mètre. L'équipier assis donne alors à l'équipier debout trois points forts et deux points de progrès. Les points forts peuvent être des signes de reconnaissance positifs conditionnels ou inconditionnels. **Les points de**

progrès sont obligatoirement donnés par des signes conditionnels négatifs. Quand l'équipier debout a reçu les cadeaux de chacun des équipiers assis, il remercie et donne à son tour son feed-back sur les cadeaux qu'il a reçus et sur son ressenti. C'est généralement un moment d'intense émotion où l'équipe se rend compte de la valeur ajoutée du feed-back au niveau de la confiance réciproque et du plaisir relationnel. À partir de cet instant, il est plus aisé de travailler sur la vision partagée et sur les plans d'action.

L'ENTRETIEN INDIVIDUEL DE MANAGEMENT

Capitaine pratique maintenant le coaching avec efficacité, plaisir et compétence, y compris lors des entretiens individuels de management avec ses collaborateurs. Il est congruent pendant la majeure partie de l'entretien, écoute avec empathie, questionne avec discernement et donne positivement son feed-back en respectant les lois de l'entraîneur. Il distingue bien maintenant les moments où il coache de ceux où il est patron : par exemple, quand il donne sa propre évaluation des résultats passés ou quand il exprime sa demande de nouvelles performances.

Capitaine est bien devenu un manager pratiquant le coaching avec discernement.

L'objet des entretiens individuels de management est d'accompagner la progression du collaborateur, de renforcer sa motivation, de faire le bilan de l'année écoulée et de préparer l'année suivante, en termes d'objectifs personnels et d'actions à entreprendre.

Les finalités du coaching et de l'entretien sont donc très proches : se centrer sur la personne du collaborateur afin de l'aider à atteindre ses objectifs opérationnels et renforcer son projet personnel.

De même, **les attitudes et les techniques de communication développées par le coaching sont particulièrement pertinentes lors de ces entretiens**. Il s'agit d'abord de donner la parole au collaborateur, d'approfondir ses réponses par des questions ouvertes, de reformuler afin de l'amener à pratiquer lui-même son évaluation des résultats obtenus et à proposer des actions correctives éventuelles. Un objectif formulé par le collaborateur aura également plus de poids psychologique que s'il est suggéré fortement par son patron. L'art du feed-back et la pratique des lois de l'entraîneur sont essentiels à la réussite de cet entretien : le manager peut alors donner sa propre évaluation des progrès à réaliser par le collaborateur, en renforçant dans le même temps sa motivation. L'écoute active et l'empathie sont souvent utiles pour déceler ce que le collaborateur n'ose pas dire. La maîtrise de la communication non-verbale peut aussi conditionner la réussite de l'entretien, notamment lors de la phase d'accueil. La nécessité d'une disponibilité totale du manager s'apparente à celle de l'entretien de coaching : bureau tranquille, téléphone renvoyé, interruptions interdites...

L'entretien individuel de management se différencie pourtant fortement de l'entretien de coaching. Au cours du premier, le manager est dans son rôle de patron et non de coach, même s'il est préférable qu'il se rapproche le plus possible des attitudes du coaching, comme nous venons de le voir. Pendant l'entretien, l'objectif du manager est d'évaluer l'action du collaborateur, de mieux la relier à l'action collective du service ou de l'entreprise, et de construire son plan de route. Cet entretien peut aussi comporter des aspects formels imposés par l'entreprise, sans doute intéressants en termes de rigueur et de recherche d'objectivité, mais contraires à l'esprit du coaching : un ou deux entretiens par an, à date régulière, des objectifs quantitatifs et qualitatifs à évaluer, une grille écrite à transmettre.

En conclusion, la pratique du coaching par le manager renforce l'efficacité des entretiens individuels de management qu'il conduit. Mais il est préférable de clairement différencier ces deux outils de management, en particulier afin de maintenir leur efficacité dans le temps.

*

Coaching et entretiens individuels de management sont assez rarement rapprochés dans les interventions de conseil ou de formation. Depuis plusieurs années, je construis des actions de formation aux entretiens individuels de management enrichies par les apports spécifiques du coaching, avec des résultats concluants en termes d'ouverture d'esprit des managers et de fluidité de leurs comportements.

Les finalités du coaching et de l'entretien sont donc très proches : se centrer sur la personne du collaborateur afin de l'aider à atteindre ses objectifs opérationnels et renforcer son projet personnel.

PRATIQUER LE COACHING EN TOUTE SÉCURITÉ

Un manager pratiquant le coaching doit respecter quelques règles afin **d'éviter les principaux pièges.**

Tout d'abord, **l'excès d'enthousiasme** : croire que le coaching est la solution à toute difficulté managériale ou comportementale. En effet, la compréhension de la valeur ajoutée du coaching et sa pratique régulière apportent souvent beaucoup de satisfaction car c'est une méthode simple qui fait grandir les deux interlocuteurs et accroît leurs performances. Mais, même s'il procure et communique beaucoup d'énergie, l'enthousiasme du manager limite aussi sa lucidité et son empathie. Il risque alors de ne pas suffisamment identifier l'état d'esprit du collaborateur et de rater son entretien.

Ne pas discerner clairement les situations où il faut éviter de coacher. Il en existe trois principales :

- lorsque le manager représente la Direction : il doit alors convaincre, négocier, persuader, expliquer ou imposer. Dans ce cas, coacher serait de la manipulation contre-productive.
- lorsque la demande du collaborateur concerne la relation avec son manager : il s'agit alors d'éliminer les incompréhensions et de négocier des objectifs communs. Par contre, l'écoute et la reformulation sont très utiles dans cette situation.
- lorsque la situation concerne l'organisation que le manager a mis en place ou les relations à l'intérieur du service : il doit plutôt réguler et arbitrer. Cependant, l'expression des ressentis et des émotions des collaborateurs face à un changement d'organisation facilite son acceptation.

Appliquer superficiellement la méthode de coaching. Coacher implique d'être présent et disponible afin d'éviter au mieux les pièges des relations professionnelles habituelles : vouloir faire vite pour trouver une solution, projeter ses propres perceptions, chercher à séduire ou à donner des conseils.

Le préalable est que le manager renonce à résoudre lui-même les problèmes afin d'obtenir des changements concrets et durables, qu'il se synchronise sur le rythme du collaborateur, qu'il soit à l'aise avec sa propre image et sûr de sa propre légitimité face au collaborateur.

Glisser involontairement du coaching vers une relation thérapeutique avec le collaborateur. Le cadre du coaching facilite l'expression des difficultés non professionnelles. Dans une attitude d'empathie, le manager doit pouvoir entendre et accepter cette expression ainsi que reformuler en miroir ce qu'il entend. Mais sans prendre le risque d'une interprétation psychologique pour laquelle il ne possède ni les compétences ni le mandat.

*

La recherche de sécurité dans la pratique du coaching est un thème largement débattu par les managers qui se forment au coaching. Au début du séminaire, le sujet paraît incongru à certains. Pour eux, le coaching n'est qu'un outil supplémentaire de management à leur disposition. À leurs yeux, le seul risque serait d'échouer dans son utilisation et de ne pas obtenir les résultats attendus dans ce nouveau type de communication avec leurs collaborateurs.

À la fin du séminaire, les points de vue exprimés sont beaucoup plus nuancés. Les pièges étant clairement identifiés et expérimentés concrètement lors des entraînements, chacun se situe selon ses valeurs personnelles et en fonction de son style de management habituel. Une conclusion largement partagée est d'exercer sa vigilance et d'approfondir la dimension psychologique de la relation, avec pour certains la décision d'engager des actions personnelles spécifiques afin de mieux identifier leurs propres modes de fonctionnement.

Le coach doit savoir engager des actions personnelles spécifiques afin de mieux identifier ses propres modes de fonctionnement.

CONCLUSION PARTIE 3

Dans la plupart des cultures d'entreprises, un manager est évalué sur les résultats opérationnels que produit son équipe et sur son style de management. Sauf exception de plus en plus rare, l'un des objectifs du management est aussi de **développer l'autonomie des collaborateurs**, autonomie de tâche et autonomie relationnelle, de manière à les amener à s'adapter au changement, voire à l'anticiper. Or le changement est difficile car il induit de l'émotion : tristesse de perdre la situation précédente et d'en faire le deuil, peur d'envisager la nouvelle situation et de décider d'agir.

Le rôle du manager dépasse donc maintenant sa seule fonction de donneur d'ordres : **sa valeur ajoutée est le service et la ressource qu'il apporte** globalement à son équipe et aussi à chacun de ses collaborateurs. Elle repose sur sa capacité à obtenir le meilleur d'eux-mêmes, à leur donner envie de progresser et de prendre goût à la nouveauté.

Au-delà de la satisfaction des besoins individuels, cette autonomie renforce également les performances collectives de l'équipe et favorise le climat social.

Le **coaching comme style de management** est bien une réponse pertinente à cette nouvelle donne du management car il permet de développer l'autonomie et la maturité des collaborateurs. À l'image de la méthode de coaching, ce style se caractérise par une relation équilibrée avec le collaborateur, la recherche de ses propres réponses à travers un questionnement adapté, la culture permanente du progrès, l'écoute empathique et l'accompagnement des changements de comportement.

Concrètement, le manager peut faire appel à un coach externe, à un coach interne – si son entreprise a créé ce type de fonction – ou bien s'approprier lui-même les techniques et l'état spécifique de la relation de coaching. **Apprendre à coacher**, c'est bien développer un état d'esprit, des attitudes et des méthodes pour accroître les compétences et les ressources de ses collaborateurs. C'est aussi pratiquer un suivi régulier dans la durée afin de les accompagner dans leur adaptation aux exigences de leurs fonctions ainsi qu'aux évolutions de l'entreprise.

POUR ALLER PLUS LOIN AVEC LE COACHING

La lecture de ce livre a pu vous éclairer sur la nature du coaching et sur les méthodes utilisées. C'était son but. Maintenant, c'est à vous de jouer, de passer à l'action. Alors, comment faire ?

La meilleure solution est de vous faire coacher, de trouver le coach qui correspond à votre personnalité et à votre problématique du moment. Rien ne remplace l'expérimentation concrète en situation.

Vous former au coaching pour améliorer votre communication, en tant que manager, parent ou conjoint. L'université commence à s'ouvrir au coaching, ce qui est un signe d'évolution sociologique conséquent.

Devenir coach vous-même. La réussite dans ce métier implique de progresser en permanence sur les dimensions humaines (connaissance de soi, des autres et de la psychologie) et économiques (maîtrise du commercial et de l'organisation, connaissance actualisée de l'entreprise).

Vous documenter. L'Internet vous guidera dans votre recherche. L'effet de mode entraîne également la publication de nombreux livres dont certains apportent un contenu original et riche. Une bibliographie commentée vous est proposée à la fin de l'ouvrage.

CONCLUSION

Le coaching arrive au bon moment. Au moment où la perte de sens dans l'entreprise diminue à la fois l'efficacité du management et le plaisir au travail. Au moment où le repli sur soi dans la vie quotidienne est érigé en mode de communication, où la prise en compte de l'autre devient un luxe aléatoire. Au moment où le changement rapide sans repères stables est la règle du jeu dominante des entreprises.

Le coaching est un mode de vie, un art de vivre. Il réconcilie l'approche la plus pragmatique de recherche de résultats opérationnels concrets et l'expression simple du désir d'harmonie dans les relations humaines. Il nous aide à redonner du sens aux actes mécaniques que nous posons au quotidien, dans notre vie professionnelle ou personnelle. Il nous encourage à nous ré-intéresser à notre espace intérieur et à celui des autres.

Le postulat de départ est clair : chacun dispose en lui-même de ses propres réponses et cherche à progresser vers sa vérité. Les méthodes et les outils sont assez bien identifiés et modélisés afin d'être utilisables par le plus grand nombre. Le coaching nous amène à progresser dans la connaissance de soi et des lois psychologiques. En effet, la pratique régulière du coaching nous montre nos limites psychologiques qui nous empêchent souvent d'évoluer autant que l'on pourrait le souhaiter. Au-delà des seuls aspects opérationnels, le coaching apporte également une dimension supplémentaire à la relation, un supplément de sens à la réalité, une qualité de présence empathique qui nous aide à dépasser les apparences.

Les risques sont répertoriés et le coaching possède ses propres antidotes. Contre l'égocentrisme : la centration sur l'autre et l'humilité. Contre la manipulation : la recherche de transparence notamment par la communication. Contre l'inefficacité : le feed-back et la remise en cause permanente.

Le coaching représente aussi une forte valeur ajoutée pour l'entreprise, notamment pour accompagner la conduite du changement et répondre aux défis humains du management.

Alors, **tous coachs et tous coachés** ? Oui, car le coaching enrichit les relations humaines et constitue un progrès majeur dans les méthodes de management. Non, car l'histoire nous rappelle qu'il est dangereux de vouloir confondre la fin et les moyens, aussi séduisants soient-ils.

Le coaching tiendra donc toutes ses promesses s'il nous aide à progresser harmonieusement dans trois directions complémentaires : vers soi, vers l'autre et vers la recherche du sens de la vie. En effet, mieux se connaître et s'aimer soi-même sont une conquête permanente, l'expérimentation de notre valeur unique et irremplaçable dans l'univers. Se centrer vraiment sur l'autre, l'écouter avec empathie, vivre simplement à son côté et se mettre à son service sont les défis permanents des couples ou des amis, ainsi que de certaines relations professionnelles. Enfin, rencontrer notre dimension spirituelle, ce qui nous dépasse et ce qui dépasse l'autre est une loi naturelle, celle du devenir et du développement, dépendant directement de notre degré de maturation personnelle.

Le coaching est un mode de vie, un art de vivre.

BIBLIOGRAPHIE COMMENTÉE

Cette bibliographie complète le mode d'emploi du coaching par des ouvrages de base. Le lecteur peut ainsi ouvrir sa recherche personnelle à d'autres approches du coaching et progresser dans sa propre pratique. Cette liste et les commentaires qui l'accompagnent sont bien entendu partiels et partiaux. À chaque lecteur de les compléter.

Les ouvrages de référence sur le coaching

Tennis et concentration – Timothy GALLWEY – Robert Laffont – 1984

Historiquement, le premier. Le concept de joueur intérieur peut être quotidiennement expérimenté par les joueurs de tennis ou de golf. Est à l'origine des changements de technique d'entraînement au tennis.

La dynamique interne du travail – Timothy GALLWEY – Village Mondial – 2000

Une application concrète, de la technique du joueur intérieur à l'introduction du coaching en entreprise. Le plaisir d'écouter sa voix intérieure, d'apprendre à apprendre et de retrouver la confiance en soi.

Les responsables porteurs de sens – Vincent LENHARDT – Insep Éditions – 1992

LA référence. Le titre est excellent. Des apports conceptuels majeurs et innovants. Son utilisation pratique est difficile sans avoir participé aux séminaires de formation au coaching.

Le guide du coaching – John WHITMORE – Maxima – 1994

Une référence aux USA.

Au lieu de motiver, mettez-vous donc à coacher ! – Éric ALBERT, Jean-Luc EMERY – Éditions d'Organisation – 1999

Un livre très accessible, court (118 pages), mettant en évidence l'impact des émotions sur le comportement. Très psychologique.

Le manager coach – Bénédicte GAUTIER, Marie-Odile VERVISCH – Dunod – 2000

Développe les outils du manager pratiquant le coaching. Présentation très accessible. Le titre est vendeur mais renforce l'ambiguïté de cette position du manager.

Coaching d'Entreprise – Édouard STACKE – Village Mondial – 2000

Différencie bien le coaching de la personne, de l'équipe et de l'entreprise. Développe le concept de manager entraîneur. Peu d'exemples concrets.

Coacher – Olivier DEVILLARD – Dunod – 2001
Ouvrage très clair sur le coaching de la personne, y compris les aspects opérationnels. De nombreux exemples facilitent la lecture.

Le métier de coach – François DELIVRE – Éditions d'Organisation – 2002
Ouvrage très complet, dense, documenté et structuré. Très accessible. Donne beaucoup de place à l'analyse transactionnelle.

Manuel de coaching – Bernard HEVIN, Jane TURNER – Dunod – 2002
Ouvrage structuré à partir du modèle de développement personnel du Dôjô.

Le coaching – Martine BOULART, Édouard FENWICK – Éditions Bernet-Danilo – 2002
Un ouvrage de synthèse sur les principaux outils à la disposition du coach.

Les ouvrages de réflexion sur le coaching

Le coaching démystifié – Thierry CHAVEL – Éditions Démos – 2001
Montrant les limites et les risques pour l'entreprise du conseil – expert auprès des dirigeants, l'auteur propose le coaching comme référentiel de base pour conduire le changement. Approche originale et ambitieuse.

Regards croisés sur le coaching – Gilles FORESTIER – Éditions d'Organisation – 2002
Une excellente synthèse sur les pratiques du coaching en France, avec de nombreux témoignages d'entreprises et d'experts.

Les ouvrages extrapolant le coaching à partir de théories de la personnalité

Coachez votre équipe – Pierre LONGIN – Dunod – 1998
À partir de **l'ennéagramme**, le sujet traité est davantage la motivation, la mobilisation et l'entraînement de l'équipe que le coaching.

Le coaching – Chantal HIGY-LANG, Charles GELLMAN – Éditions d'Organisation – 2000
À partir de la **Gestalt**, le coaching est présenté en détail, avec beaucoup de pédagogie.

Les ouvrages d'approfondissement de techniques spécifiques

La psychologie non-directive

La relation d'aide et la psychothérapie – Carl Rogers– ESF Éditeur – 1993

Comprendre Carl Rogers – Brian THORNE – Privat – 1994

La maîtrise des émotions et de la relation

Parle-moi... j'ai des choses à te dire – Jacques SALOMÉ – Éditions de l'Homme – 1982

L'intelligence relationnelle – Marie-Louise PIERSON – Éditions d'Organisation – 1999

Oser travailler heureux – Jacques SALOMÉ, Christian POTIÉ – Albin Michel – 2000

La Gestalt

La Gestalt, thérapie du contact – Anne et Serge GINGER – Hommes et Groupes – 1998

L'intuition

L'intuition – Philip GOLDBERG – Les Éditions de L'Homme – 1986

Développer votre intuition et celle de votre équipe – Michel GIFFARD – ESF Éditeur – 1992

La Process Communication

Comment leur dire – Gérard COLLIGNON – InterÉditions – 1999

La méthode SCHUTZ

Le parler-vrai – Virginie CORNET, Philippe AURIOL – ESF Éditeur – 1995

L'analyse transactionnelle

Des jeux et des hommes – Éric BERNE – STOCK – 1984

Manuel d'analyse transactionnelle – Ian STEWWART, Vann JOINES – InterÉditions – 1991

La systémique

La réalité de la réalité – Paul WATZLAWICK – Le Seuil – 1978

Une logique de la communication – Paul WATZLAWICK – Le Seuil – 1979

La programmation neurolinguistique

Un cerveau pour changer – John GRINGER, Richard BANDLER – InterÉditions – 1992

Le manager et la PNL – Hervé GHANNAD – Éditions d'Organisation – 2000

L'ennéagramme

L'ennéagramme – Helen PALMER – Éditions Vivez Soleil – 1995

ABC de l'ennéagramme – Éric SALMON – Éditions Jacques Grancher – 1997

La morphopsychologie

La morphopsychologie – Martine BOULART, Jean-Paul JUES – PUF – 2000

La psychanalyse

Le psychanalyste et l'entreprise – Roland BRUNNER – Editions Syros – 1995

D'autres ouvrages d'ouverture du cœur

La plénitude de la vie – Krishnamurti – Éditions du Rocher – 1989

Ailleurs n'est jamais loin quand on aime – Richard BACH – Seghers – 1989

La Liberté d'Être – Annie MARQUIER – Éditions du Verseau – 1998

Aucune rencontre n'arrive par hasard – Kay POLLAK – Éditions Jouvence – 1998

Œdipe intérieur – Annick de SOUZENELLE – Albin Michel – 1998

Le manager initié – Frédéric SOUSSIN, Philippe DURANDIN – Vetter Éditions – 1999

Le manuel d'Épictète – ÉPICTÈTE – Albin Michel – 2000

Quelques sites Internet

sfcoach.org : le site de la Société Française de Coaching créée en 1997, chargée de promouvoir et de professionnaliser le coaching en France.

coachfederation.org : le site de l'International Coach Federation.

coaching.asso.fr : le site de l'association pour l'étude et le développement du coaching.

mediat-coaching.com : un site portail d'information et de formation, à jour et bien informé.

hec.fr : le site du Groupe HEC présentant son offre globale en coaching.

GLOSSAIRE

Action juste

Agir avec justesse implique pour le coach de bien se connaître, de bien connaître son client, de maîtriser l'usage de ses outils et... de se donner le droit à l'erreur. En effet, le souci de bien faire est souvent contre-productif et peut entraîner le coach à dépasser le contrat passé avec son client. La recherche de justesse amène le coach à se remettre en cause, à questionner sa pratique et ses résultats, à tenter de trouver le plus souvent possible l'harmonie sur les trois plans de la pensée, de l'émotion et de l'action. (voir discernement)

Cadrage

Le coach cadre son client en maintenant l'échange sur l'objet de l'entretien. En effet, la tentation peut être grande pour chacun d'échapper à la densité nécessaire à la réussite du coaching. C'est l'un des rares moments où le coach doit reprendre le pouvoir sur son client afin de conserver le cap défini conjointement au départ. Il est recommandé d'alterner le cadrage avec des moments de détente pendant l'entretien. (voir décentration)

Comportement

Notre comportement est la manière observable dont nous agissons sur le monde. Changer de comportement implique de changer, au préalable, nos grilles de lecture et notre vision du monde. L'objet du coaching est souvent de permettre au client de trouver par lui-même les comportements adaptés aux situations à résoudre, et ceci de façon durable. (voir vision du monde)

Congruence

Un coach est congruent quand ses pensées, ses mots et ses actes sont alignés. La congruence est l'une des principales qualités du coach. Elle implique qu'il soit prêt à vivre et à exprimer, sans se censurer, tout sentiment qui persisterait au sein de la relation. Rechercher sa propre congruence est d'ailleurs le meilleur outil à la disposition du coach pour entraîner son client et lui donner envie d'être congruent lui-même. (voir intégrité)

Décentration

La décentration permet de changer de perspective afin de mieux percevoir une situation. Elle peut concerner l'espace, le temps et la recherche d'hypothèses. C'est un outil de créativité très efficace dans la recherche de solutions. (voir questionnement)

Discernement

Discerner, c'est percevoir distinctement les éléments en présence de manière à éviter toute confusion. Le discernement s'acquiert avec la maturité. Exercer son discernement est indispensable au coach pour guider la recherche de son client et lui éviter de s'égarer dans des voies tortueuses. Le coach peut aussi appliquer avec profit son discernement à ses propres motivations et à l'adaptation de ses grilles de lecture. (voir intuition)

Écoute active

Le coach est en écoute active lorsque qu'il est centré sur son client, qu'il cherche à comprendre ce qu'il lui communique sur ses pensées, sa vision des choses, ses sentiments, ses intentions et ses croyances. L'objectif de l'écoute active est de faciliter l'appropriation du problème, de la solution et de l'action par l'interlocuteur, en reformulant et en synthétisant ce que l'on comprend. (voir feed-back)

Émotion

L'émotion est le principal moteur de nos actions et ce qui nous rend humain. Le coach aide son client à rencontrer et à reconnaître ses émotions afin d'enclencher les changements souhaités. La maîtrise des émotions, les siennes et celles de son client, est donc au cœur des techniques du coach. (voir empathie)

Empathie

Être empathique envers une personne consiste, pour un temps limité et sans jugement, à l'accompagner dans son monde intérieur afin de l'aider à le percevoir plus clairement. Dans une telle attitude, le coach peut alors comprendre aussi complètement que possible le monde subjectif de son client.

L'empathie permet de mettre l'accent sur les aspects affectifs et émotionnels des problèmes plutôt que sur leur aspect intellectuel. (voir action juste)

Feed-back

Le feed-back, ou retour d'image, est une information concernant la manière de faire ou le comportement d'un interlocuteur, ayant pour but de renforcer ce comportement, de l'améliorer ou de le corriger. Le feed-back s'appuie sur l'observation des faits et non sur leur interprétation. Il donne aussi des indications sur les objectifs ou les conséquences. (voir miroir)

Intégrité

L'intégrité est la capacité à ressentir ce qui est vrai pour soi et à l'exprimer de façon claire et assimilable par l'autre. L'intégrité est un apprentissage progressif de la sobriété en matière relationnelle : trouver les mots justes, éviter les superlatifs, choisir le bon moment, apprendre la franchise, dépasser sa peur de l'autre.

L'intégrité développe le sentiment de confiance et d'authenticité entre deux personnes. (voir ressenti)

Intuition

L'intuition est une perception rapide et spontanée d'une information sans l'attention consciente ou le raisonnement, une capacité de connaître qui ne recourt ni à la déduction ni au raisonnement. C'est l'un des moyens d'accès à l'inconscient individuel et collectif. L'intuition permet notamment au coach d'identifier avec fiabilité son chemin dans un labyrinthe inconnu de lui-même ou de son client. Elle fait partie de la boîte à outils du coach, et se situe en bonne place. (voir non-verbal)

Méta-communication

Méta-communiquer, c'est communiquer sur la manière dont nous communiquons. Être capable de sortir du contenu pour observer ce qui se passe dans la relation, chez le client et en soi en train de coacher. Méta-communiquer permet de rester prudent par rapport à nos perceptions et à leur interprétation. Méta signifie en grec : au-delà de, ce qui englobe et donne du sens. Prendre une position « méta » est donc indispensable au coach pour accompagner efficacement son client dans son contexte. (voir synchronisation)

miroir

Le coach est miroir lorsqu'il cherche le meilleur angle pour renvoyer l'image de son client, la plus fidèle possible, par ses questions et reformulations. Reformuler permet de vérifier sa propre compréhension en la formulant dans des termes les plus proches possibles de ceux utilisés par le client. (voir projection)

Non-verbal

Le langage analogique, ou non-verbal, est celui de l'inconscient qui exprime nos émotions. Il est directement perçu et retenu par notre auditoire, bien avant les mots que nous prononçons. Ce sont les gestes qui accompagnent notre discours ou notre silence, les mimiques qui animent notre visage, l'intonation et le rythme de notre voix, notre posture corporelle. Il est interprété directement par notre interlocuteur, souvent en fonction de ses propres grilles de lecture. (voir ressenti)

Projection

Projeter, c'est attribuer aux autres sa propre vision du monde, de manière inconsciente. La projection devient pathologique lorsqu'un individu prête à l'environnement des pensées, des intentions ou des sentiments qui lui appartiennent, et ceci de manière inconsciente et systématique. Par exemple, les projections dominent dans les conflits entre personnes où chacun attribue à l'autre ce qu'il ne supporte pas en lui-même. Identifier ses propres projections est donc indispensable au coach afin d'éviter de polluer son client. (voir vision du monde)

Questionnement

Le coach est l'expert de la question. La question est son outil principal : questions ouvertes, inductives, de relance ou questions fermées pour déclencher une réaction. Une question est fermée s'il n'est possible d'y répondre que par oui ou par non. Par exemple : « es-tu d'accord ? ». Pour exprimer la même demande, la question : « quel est ton avis ? » offre davantage de liberté de réponses à l'interlocuteur. Les questions fermées sont à manier avec prudence car elles stérilisent la communication. (voir cadrage)

Ressenti

Le coaching prend d'abord en considération la personne et ses perceptions, l'acteur en train d'agir, avant de s'intéresser à l'objet ou à l'action à accomplir. La conscience de nos émotions affine notre appréciation d'une situation et précise notre capacité à décider et agir. Toute connaissance intellectuelle que n'a pas précédée une sensation reste inutile. (voir émotion)

Synchronisation

Se synchroniser consiste à s'intéresser d'abord à la personne de son interlocuteur, à l'accueillir. La politesse est une excellente conseillère : dire bonjour, serrer la main, sourire, s'enquérir des difficultés de la circulation ou de la météo, offrir une boisson. Au début de toute relation, la synchronisation permet de se mettre au niveau de son interlocuteur. Comme dans l'image de l'écluse ou du court-circuit électrique, l'absence de synchronisation préalable au traitement de la relation peut entraîner des débordements émotionnels ou des étincelles d'agressivité. La synchronisation incombe à la personne qui mène l'entretien même s'il est préférable que les deux la recherchent. (voir écoute active)

Vision du monde

Ce qui différencie le plus deux personnes, ce sont leurs visions du monde. Faire prendre conscience au client que la réalité n'est pas LA réalité, mais bien celle qu'il perçoit au travers de ses représentations mentales est une action essentielle à mener par le coach. Ensuite, il s'agit d'aider le client à parcourir la chaîne cognitive suivante afin d'aboutir à un changement durable en actualisant ses représentations : situation actuelle – perception sensorielle – représentation d'une situation ancienne analogue – pensées – émotions – comportement – actions. (voir visualisation)

Visualisation

Visualiser consiste à imaginer le futur comme déjà réalisé, à identifier nos perceptions à cet instant ainsi qu'à rechercher quelles actions nous avons menées afin d'y parvenir. En séance de coaching, le coach entraîne son client à préparer son avenir par la visualisation. La visualisation est un outil puissant pour développer l'expression de l'intuition, de l'affectif et du symbolique. (voir méta-communication)

INDEX

www.ingramcontent.com/pod-product-compliance
Ingram Content Group UK Ltd.
Pitfield, Milton Keynes, MK11 3LW, UK
UKHW050920270726
13994UKWH00011B/2448